Tempo

Coleção **Parentalidade & Psicanálise**

# Tempo

(ORGANIZADORAS)
**Daniela Teperman**
**Thais Garrafa**
**Vera Iaconelli**

**Cult** **autêntica**

Copyright © 2021 As organizadoras

Todos os direitos reservados pela Autêntica Editora Ltda. Nenhuma parte desta publicação poderá ser reproduzida, seja por meios mecânicos, eletrônicos, seja via cópia xerográfica, sem a autorização prévia da Editora.

EDITORAS RESPONSÁVEIS
*Cecília Martins*
*Rejane Dias*

REVISÃO
*Aline Sobreira*

PROJETO GRÁFICO
*Diogo Droschi*

DIAGRAMAÇÃO
*Waldênia Alvarenga*

**Dados Internacionais de Catalogação na Publicação (CIP)**
**(Câmara Brasileira do Livro, SP, Brasil)**

Tempo / (organizadoras) Daniela Teperman, Thais Garrafa, Vera Iaconelli. -- Belo Horizonte : Autêntica, 2021. -- (Coleção Parentalidade & Psicanálise).

Vários autores.

ISBN 978-65-5928-018-6

1. Fertilidade humana 2. Infância 3. Parentalidade 4. Psicanálise 5. Tempo 6. Tempo - Aspectos psicológicos I. Teperman, Daniela. II. Garrafa, Thais. III. Iaconelli, Vera. IV. Série.

21-58551                                         CDD-150.195

Índices para catálogo sistemático:
1. Tempo e psicanálise : Psicologia 150.195

Cibele Maria Dias - Bibliotecária - CRB-8/9427

**Belo Horizonte**
Rua Carlos Turner, 420
Silveira . 31140-520
Belo Horizonte . MG
Tel.: (55 31) 3465 4500

**São Paulo**
Av. Paulista, 2.073, Conjunto Nacional
Horsa I . Sala 309 . Cerqueira César
01311-940 . São Paulo . SP
Tel.: (55 11) 3034 4468

www.grupoautentica.com.br
SAC: atendimentoleitor@grupoautentica.com.br

# Sumário

7 Coleção Parentalidade & Psicanálise
*Daniela Teperman, Thais Garrafa e Vera Iaconelli*

**APRESENTAÇÃO**

13 Tempos e temporais da parentalidade
*Thais Garrafa*

**FUNDAMENTOS**

29 Tempos da fertilidade
*Rubens M. Volich*

57 O bebê e o tempo primordial
*Julieta Jerusalinsky*

69 Prematuridade
*Ethel Cukierkorn Battikha*

83 Desejo, amor e sexo na adolescência
*Renata Petri*

97 Finitude e parentalidade
*Mario Eduardo Costa Pereira*

**PARENTALIDADE E MAL-ESTAR CONTEMPORÂNEO**

117 Infâncias e parentalidade: nomeações,
funções e funcionamentos
*Ilana Katz*

**INTERLOCUÇÕES**

137 Estado suicidário, fascismo e problemas no uso político
do conceito de pulsão de morte
*Vladimir Safatle*

155 *Sobre as autoras e os autores*

# Coleção Parentalidade & Psicanálise

● *Daniela Teperman, Thais Garrafa e Vera Iaconelli*

A Coleção Parentalidade & Psicanálise surge com o objetivo de delimitar um campo de estudos sustentado em parâmetros éticos de escuta e respeito à subjetividade, condizente com os desafios impostos pelos atravessamentos históricos, culturais e sociais. Para tal, circunscrevemos *parentalidade* como tema que abrange a produção de discursos e as condições oferecidas pela geração anterior para que uma nova geração se constitua subjetivamente em uma determinada época. Isso implica considerar os sujeitos que se incumbem dessa tarefa no plano singular e o campo social que os enlaça.

A articulação entre parentalidade e psicanálise justifica-se pela necessidade de separar a temática da parentalidade do universo normativo que marcou sua gênese e que, nos tempos atuais, contribui para a ascensão de práticas dogmáticas, mercantis e obscuras. Sem a pretensão de que haveria uma época livre da busca por garantias e predições diante dos aspectos intangíveis e imponderáveis da criação de crianças, nos cabe mapear a nossa e fazer frente aos discursos universalizantes.

A psicanálise trata das questões da parentalidade a partir de seus elementos estruturais, isto é, para além dos efeitos imaginários de cada época, e, nesse contexto, situa também o mal-estar inerente às relações humanas e à nossa entrada na cultura. Com essas ferramentas, a psicanálise integra um campo de estudos multidisciplinares sobre o universo parental, ao mesmo tempo que aporta, a esse campo, inquietações que

convidam seus integrantes a um constante reposicionamento diante da singularidade de cada caso. Desde Freud, a psicanálise tanto elucida – "Freud explica!" – quanto inquieta, desconcerta e nos movimenta em torno dos mistérios do inconsciente e do mal-estar na civilização.

A psicanálise marca, portanto, sua peculiar posição no campo de estudos da parentalidade: ocupa um lugar de composição e de exterioridade. Como integrante do conjunto, oferece seu dizer e seu saber sobre o exercício das funções parentais, de caráter estrutural, para entender a constituição do sujeito na família e para além do universo pai-mãe-bebê. Em sua posição de exterioridade, presta-se a produzir aberturas onde o conhecimento instrumentalizante tende ao fechamento e à produção de ingerências sobre a criação de crianças. Para fazer frente ao imperativo contemporâneo de oferecer a última palavra, propomos sustentar inquietações e os possíveis saberes que delas possamos extrair.

A Coleção Parentalidade & Psicanálise é composta por cinco volumes. No primeiro deles, *Parentalidade*, encontram-se as principais inquietações que norteiam os estudos sobre o tema a partir da psicanálise. *Laço* articula-se a esse campo com ênfase nas relações que participam da estruturação do sujeito. Em *Gênero*, são discutidas as relações entre funções parentais, gênero e sexo, em um diálogo entre a psicanálise e diversas áreas do saber. *Corpo* aborda os entrelaçamentos entre pulsão e linguagem, os modos como os sujeitos habitam seus corpos e as incidências do discurso social, particularmente sobre a mulher e a mãe. *Tempo*, o volume final, reúne textos produzidos em torno de diferentes atravessamentos temporais que incidem na experiência da parentalidade.

Cada um dos cinco volumes está organizado em quatro seções:

1. Na "Apresentação", delimitamos cada um dos temas escolhidos em sua relação com a parentalidade, situando questões que se abrem à reflexão.

2. A segunda e maior seção, "Fundamentos", é formada por textos de diferentes autores que trazem conceitos centrais da psicanálise, articulando-os à temática da parentalidade.

3. Na terceira seção, "Parentalidade e mal-estar contemporâneo", um psicanalista é chamado a refletir sobre aspectos da contemporaneidade

nos quais se apresentam questões cruciais para o estudo da parentalidade na época atual.

4. Na seção "Interlocuções", autores de outras áreas do conhecimento trazem sua contribuição para o tema, de modo a abrir portas, no fim, para outros começos, e a marcar que a psicanálise não pode tudo dizer.

Propusemos a psicanalistas e teóricos de instituições diversas o desafio de realizar essa transmissão por meio de textos rigorosos e, ao mesmo tempo, acessíveis a leitores e leitoras de diversas áreas. Agradecemos a todos os autores que aportaram ao campo de estudos da parentalidade sua preciosa contribuição.

Boa leitura!

# APRESENTAÇÃO

# Tempos e temporais da parentalidade

● *Thais Garrafa*

> *Eu vi um menino correndo*
> *Eu vi o tempo brincando ao redor*
> *Do caminho daquele menino*
> *[...]*
> *Eu vi a mulher preparando outra pessoa*
> *O tempo parou pra eu olhar para aquela barriga*
> Caetano Veloso

Uma gestação dura oito meses e uma eternidade? Ter um filho é receber uma passagem de volta à infância? As crianças crescem rápido? O que importa é o "tempo de qualidade" com os filhos? A criação de crianças hoje é mais difícil do que antigamente? A adolescência começa cada vez mais cedo? Ainda que remetam a generalizações questionáveis, não faltam exemplos para circunscrever a instigante relação entre parentalidade e tempo. Caetano Veloso tocou a pluralidade dessa articulação ao falar de um tempo que emerge quando olhamos para a criança ou assistimos à espera de uma nova vida.

As exigências de trabalho psíquico colocadas àqueles que exercem as funções parentais tomam formas diversas. Abordá-las por meio das variantes do tempo que emergem nesse contexto permite o traçado de um fio articulador de seus principais desafios, sobretudo em seus

primeiros momentos. Este livro, quinto volume da coleção, aborda os atravessamentos temporais que incidem na experiência da parentalidade e convida à reflexão sobre o tema a partir do olhar psicanalítico.

Motor de profundas inquietações na mitologia, na literatura, na filosofia e nas artes, o tempo tem lugar proeminente entre os desassossegos do homem. A psicanálise o tomou como ponto central: sua teoria e seu método desenrolam-se sobre a plasticidade da memória, a persistência do infantil na vida adulta, a luta contra a repetição assombrosa do passado, a lógica do ato que demarca um "antes" e um "depois", a angústia diante da finitude. Veremos que a entrada na parentalidade implica essas diferentes temporalidades, de modo a desvelar o caráter ilusório da unidade do tempo.

## Psicanálise e o tempo em Freud

A psicanálise ficou conhecida no discurso social por seu interesse pelas memórias de infância, o que, apesar da caricatural generalização – "passar anos falando do passado!" –, aponta para elementos fundamentais de sua práxis: a condição infantil do psiquismo e a atemporalidade do inconsciente. "Infância" e "infantil", nesse contexto, referem-se a noções distintas: enquanto infância aponta para um período cronológico, circunscrito historicamente desde o século XVIII, o infantil, no campo psicanalítico, é atemporal e remete às condições de constituição do sujeito, em sua íntima e fundamental relação com aqueles que o embalam nos primeiros tempos de sua entrada no mundo.

Freud ([1900] 1986) mostrou como as experiências primitivas de prazer junto ao cuidador estruturam o aparelho psíquico ao inscreverem traços indeléveis que instauram o movimento de busca por sua repetição. As marcas mnêmicas constituem-se, portanto, nos embalos da pulsão, signo daquilo que nos distancia dos instintos e seus objetos pré-fixados na história da espécie para nos lançar ao universo plural de satisfações possíveis no campo do humano (FREUD, [1905] 1986). Nesse sentido, a memória, em sua articulação com a sexualidade, é o fundamento primeiro do aparelho psíquico, sua incipiente temporalidade.

Nesse circuito de trocas prazerosas, o sujeito é fisgado pelo universo desejante daquele que o envolve em seus sonhos. No entanto, a eclosão da sexualidade que transborda desse laço porta também uma face excessiva para os recursos representacionais de uma criança. Freud ([1926] 1986) apresenta sua noção de desamparo – *Hilflosigkeit* – para designar a experiência subjetiva de se sentir ameaçado por um excesso pulsional ao qual não se pode dar um destino. Esse efeito de desmesura, inevitavelmente traumático, persiste, como repetição do infantil, para além dos anos da infância.

O trauma e seus efeitos na produção de sintomas estiveram na origem da psicanálise. Percorrendo as associações de suas pacientes, Freud era conduzido a tempos cada vez mais antigos, que invariavelmente o levavam a encontrar a sexualidade infantil e os enlaçamentos edípicos na base da estrutura sintomática. O método psicanalítico adveio da constatação de que a escuta a essas associações possibilita a cada analisante a construção de uma narrativa sobre a própria infância e, dessa forma, o traçado de contornos para o infantil. O caminho que enoda, embaralha e distribui as inscrições implicadas em nossa apreensão do passado é constituído por uma rede de representações que se associam em múltiplas vias; cada novo elemento incide sobre os anteriores, de modo que a produção de sentido acontece "só depois" – a chamada *Nachträglichkeit*. Por isso, a experiência analítica se estabeleceu como uma *talking cure*, na medida em que a fala permite trazer à tona diferentes temporalidades, de modo a ressignificar o vivido, a construir e esvaziar sentidos.

A psicanálise traz, portanto, uma ideia complexa de memória, estabelecida de forma plástica e dinâmica; distante de um registro pretensamente estável e fiel dos acontecimentos. O que veio antes incide naquilo que se repete adiante, mas cada novo termo incorporado à narrativa transmuta a escritura do que se passou. A plasticidade da memória, no pensamento freudiano, advém de sua relação com o recalque, mecanismo responsável por filtrar o acesso à consciência e, portanto, influenciar aquilo que pode ou não ser lembrado. Freud demonstrou que essa filtragem se arma de forma incompleta, simultaneamente falha e bem-sucedida, pois as intensidades afetivas, movidas pela persistência

do infantil, pressionam por descarga, impelem à repetição, mas alcançam sua finalidade apenas sob poderosos disfarces. É assim que o neurótico acredita que suas dores e seus conflitos originam-se no presente, e não em outros carnavais...

## Temporais da parentalidade

Na relação com filhos, os carnavais são muitos. Ocupar o lugar parental toca sensivelmente a história familiar e a trama do passado que dá lugar ao infantil. Diferentes destinos são dados a esse afeto na particularidade de cada caso, o que varia da repetição assombrosa e irrefletida do passado à elaboração da conflitiva com os próprios pais trazida à tona pela emergência involuntária de lembranças. Por diferentes vias, conscientes ou não, o diálogo entre continuidade e ruptura é forçosamente trazido à tona para quem então ocupa o lugar de "dobradiça" entre gerações.

A transmissão geracional implica olhar para o que existiu antes de nós em busca do que, dessa história, passará adiante após nossa existência. Essa visada implica o encontro com a cronologia e sua relação com a finitude da vida. Tal dimensão temporal comparece de inúmeras maneiras: no intervalo que abrange a fertilidade das mulheres; na contagem dos dias, semanas e meses que delimitam uma gravidez; em cada aquisição motora e expressiva do bebê... Explicita-se um tempo que passa! Mas, apesar de ter se tornado uma frase banal do cotidiano, sabemos que, do ponto de vista do tempo como categoria ordenadora da nossa passagem pela vida, as crianças não crescem rápido; seu corpo é que nos dá testemunho inequívoco de nossa transitoriedade. Ainda que possamos "perder a conta" dos dias e dos anos, para falar de modo simples sobre a forma peculiar como o neurótico procura negar a efemeridade da vida e dos objetos, o tempo como entidade abstrata encontra ancoragem no corpo. Crescer é análogo a envelhecer, e ambos apontam para a morte.

Freud dedicou um belíssimo ensaio ao tema da transitoriedade em 1915, quando a Europa se via às voltas com aquilo que vinha sendo destruído pela guerra. O texto conduz o leitor a perceber que,

se a finitude das coisas se impõe como obstáculo às nossas inclinações para a eternidade, a única saída para o homem é o trabalho de luto, um processo psíquico árduo e doloroso, mas necessário para retirar nossos investimentos libidinais dos objetos perdidos e destiná-los a novas construções.

A problemática do luto e suas incidências sobre a experiência do tempo articulam-se intimamente ao estudo dos primeiros tempos da parentalidade, tanto pela porta que se entreabre para o fim que avistamos à frente, destino da existência, quanto porque ocupar o lugar parental delimita, de antemão, um término, ao passo que a chegada de uma criança convida a um investimento desmedido sobre ela e exige, portanto, a reordenação da libido que se espalhava em outras formas de satisfação.

A fina sintonia que se estabelece entre o bebê e aqueles que dele se ocupam é exigente do ponto de vista psíquico, pois implica incluir o pequeno ser em um lugar nos sonhos dos adultos que o embalam. Lacan ([1969] 2003) mostrou como a constituição subjetiva depende desse laço, estabelecido sobre "um desejo não anônimo" (p. 369), isto é, por uma criança em especial, da qual muito se fala antes de que possa vir a tomar a palavra. Sob a atmosfera desse desejo particular, o adulto que se encarrega do bebê supõe nele um sujeito pleno de saberes e intenções, ao qual oferece sua corporeidade como espaço de afetação e seu aparato simbólico para traduzir e interpretar esses afetos. Esse processo envolve, portanto, antecipar ao bebê um lugar na linguagem, por meio de um intenso trabalho de produção de sentidos para suas experiências. Lacan ([1964] 2008) usou o termo "Outro", grafado com letra inicial maiúscula, para designar o lugar que esse adulto encarna para uma criança no início de sua constituição. O *Outro* é o lugar da linguagem e da alteridade que há de ser incorporado no tempo da primeira operação de estruturação do sujeito: a *alienação* (p. 205). Tal construção teórica implica conceber que o sujeito não se constitui sem o campo do sentido, ainda que esse campo jamais possa recobrir toda a dimensão subjetiva.

Uma segunda operação, ainda de acordo com o ensino lacaniano, conclui a causação do sujeito: a *separação*. Trata-se do encontro com a

falta no campo do Outro, o enigma do desejo sobre o qual se origina todo discurso – o que, nas palavras de Lacan, pode ser apreendido na experiência da criança sob a forma: *"ele me diz isso, mas o que que ele quer?"* (p. 209). Esse segundo tempo envolve, portanto, incluir na estrutura o que escapa ao simbólico, o ponto de falta que dá origem ao desejo e situa o sujeito como não todo determinado pelo Outro.

Entender a constituição do sujeito a partir das operações por meio das quais o bebê se apropria dos elementos da estrutura do Outro e dele se separa para se singularizar difere da perspectiva de desenvolvimento assumida pelas teorias que valorizam uma cronologia evolutiva. A clínica com bebês e crianças envolve a possibilidade de ler o tempo em que cada um se encontra nessa estruturação e intervir a partir dessa leitura, considerando que as estruturas psíquicas não são decididas na infância. Isso significa que a psicanálise não recua frente aos chamados "atrasos de desenvolvimento" de uma criança, ao passo que reconhece a possibilidade de que, mesmo fora de um "prazo esperado", sejam incorporados elementos do campo do Outro.

Em contrapartida, apesar de o tempo da estruturação subjetiva não obedecer à cronologia, as operações psíquicas que nele acontecem são fundamentais para colocar em funcionamento o crescimento corporal e a maturação neurológica. Por isso, o laço primordial entre o bebê e o Outro têm sido tema de pesquisas na psicanálise, especialmente impulsionado pela importância de intervir cedo nos casos em que se identificam possíveis ameaças à constituição. A psicanálise conta com forte arcabouço teórico e metodológico, além de décadas de experiência, para minimizar o sofrimento implicado em alguns quadros. A valorização das experiências primitivas do bebê aponta para um tempo que, por um lado, não espera e não volta; mas, por outro, não cessa de voltar à luz por tudo o que dele pode decorrer.

Sob forte influência da produção de conhecimento em diferentes campos, o entendimento de que as condições oferecidas no início da vida impactam o futuro da criança tem despontado como importante traço das experiências parentais contemporâneas. Ainda que o tema tenha marcado historicamente a gênese e a evolução do conceito de infância, assistimos a uma importante expansão dessas preocupações

para tempos cada vez mais precoces – chegando aos estudos sobre vida intrauterina. O conhecimento produzido traduz-se em informações rapidamente difundidas que penetram vertiginosamente o discurso social e a vida das famílias. Nesse contexto, embora exista uma pluralidade de posições entre os psicanalistas de crianças, a sustentação de uma postura ética no cuidado com esse precioso momento tem sido a tônica. A cronologia não é o tempo com o qual a psicanálise opera, ainda que suas intervenções não sejam alheias a essa dimensão.

A cada nascimento, temos pressa, enquanto sociedade, para que alguém mergulhe no laço com o recém-chegado, mas o apressamento do tempo não combina com a delicadeza dos primeiros tempos da parentalidade e dos momentos lógicos do sujeito. Impedir que essa pressa se traduza em pressão, empurrão ou submetimento é determinante na escuta a mulheres e homens que se veem às voltas com a entrada na posição parental. Entendida como ato de se nomear mãe ou pai, essa entrada só pode acontecer a partir de uma decisão autoral, que envolve precipitar-se em um novo lugar na sociedade, na família e em uma posição diante do filho. Esse passo, ao traçar uma linha divisória na trajetória de vida, pode envolver vacilação, angústia e sofrimento, de modo que o tempo que o antecede tem duração imprevisível em cada caso.

Abordei, no livro *Parentalidade*, primeiro volume desta coleção, a importância de entendermos separadamente a entrada na posição parental e a construção da função materna – expressão usada por Lacan ([1969] 2003) para situar as condições de constituição do sujeito a partir do laço com aquele que ocupa o lugar do Outro. Enquanto a posição parental concerne apenas àqueles que assumem os nomes "mãe" ou "pai", considerando o trabalho psíquico implicado nessa nomeação, a função materna independe de parentesco ou gênero – a exemplo das crianças acolhidas em serviços institucionais ou por famílias acolhedoras – e impõe um trabalho psíquico de outra ordem, relacionado aos desdobramentos vividos na sintonia com o bebê, tal como vimos anteriormente.

As adoções de crianças com 6, 7, 10 anos, assim como as adoções de adolescentes, evidenciam como o tempo da constituição da posição parental não coincide necessariamente com o tempo de constituição

do sujeito. Essas adoções ficaram conhecidas pela expressão "adoção tardia", que remete, equivocadamente, à ideia de atraso, como se a entrada na parentalidade só pudesse acontecer junto a um bebê em seus primeiros momentos de vida. Considerando inúmeras experiências em que laços de filiação e parentalidade se estabeleceram fora dessa expectativa, tenho proposto chamar esses casos de adoção de crianças e adoção de adolescentes, sem predicados, como forma de contribuir para a desconstrução dessa ideia (GARRAFA, 2019). Pais e mães que assim se nomearam a partir da adoção de crianças ou adolescentes demonstram de modo ímpar como a entrada nesse lugar acontece a partir de um passo decisivo, solitário e sem garantia.

A entrada na parentalidade não acontece em um caminho natural, como etapas que se encadeiam; ela se engendra, à luz das formulações de Lacan ([1945] 1998) sobre o *tempo lógico*, a partir de um ato dos pais que assim se nomeiam, ao anteciparem uma certeza que se valida só depois, por seus efeitos. Interessado em encontrar uma saída para o circuito infinito da repetição neurótica, Lacan partiu das elaborações freudianas sobre a temporalidade inconsciente para então situar o *tempo lógico* em lugar central na clínica. Sua teorização sobre o ato que produz essa interrupção aponta para as condições que permitem caminhar da interrogação sobre algo, passando por um vasto campo de associações, dúvidas e vacilações, até a conclusão assertiva que o sujeito toma nas mãos, sem apoio ou garantia, para dar o passo que encerra um ciclo e inaugura um novo começo. Lacan nomeou esses três momentos *instante de ver, tempo de compreender* e *momento de concluir* (p. 204), todos eles inapreensíveis em termos de duração cronológica, mas assimiláveis a partir da lógica que articula a passagem de um a outro.

Tal como na adoção de crianças, também para os pais de bebês, adotados ou não, a entrada na posição parental acontece por meio dessa antecipação de uma certeza não dedutível, que opera uma descontinuidade no campo do sentido. Talvez seja a isso que muitas pessoas se refiram quando dizem, sobre a decisão de ter filhos, que *se você pensar, você não tem…* O trabalho psíquico implicado nesse passo não se insere no cálculo neurótico – *Quanto vai custar? Quanto tempo de dedicação? Quantas horas de sono a menos?*

Para muitas pessoas, a parentalidade é a experiência mais potente de fratura no paradigma *time is money*, o que, não raro, resulta em mudanças de rumo profissional. A irrupção do mal-estar que acomete inúmeros pais e mães nesse contexto sinaliza o contraste inegociável entre, de um lado, a delicadeza do tempo do bebê e da criança e, de outro, a ferocidade das demandas contemporâneas por produtividade. No que tange ao acolhimento social às expressões desse mal-estar, as diferenças de gênero são gritantes: os homens são ainda mais demandados a não perder velocidade para os apelos da parentalidade, enquanto as mulheres são empurradas a encampar parte significativa dessa inconciliável divisão.

Passar um tempo com os filhos pode ter sua face de martírio – *não tenho tempo para mim! –* ou de deleite – *pena que crescem!*; em todo caso, essa possibilidade passará, progressivamente, a depender também da disposição dos filhos a estarem com os pais. Os ganhos de autonomia e as notáveis mudanças corporais da puberdade prefiguram os movimentos de separação que colocarão os laços à prova e trarão novos desafios para ambas as partes. Para que o adolescente e seus pais usufruam da liberdade vislumbrada será necessário, ainda, um refinado trabalho psíquico, a despeito das portas que porventura batem, e das vozes que eventualmente se elevam.

Nesse contexto, talvez pareça justo, então, recorrermos a uma anedota extraída dos inúmeros ditos que popularmente circunscrevem os temporais da parentalidade: "na relação com filhos, os anos mais difíceis são os primeiros 40…".

## Parentalidade e tempo

Os capítulos que se seguem organizam e desenvolvem temas que se articulam a essa trama. A sessão "Fundamentos" está composta por cinco textos extremamente ricos e precisos, que refletem a maturidade da pesquisa e da clínica de seus autores. No primeiro deles, "Tempos da fertilidade", Rubens M. Volich recupera a discriminação entre sexualidade e função reprodutiva que, há mais de um século, marcou a gênese do pensamento freudiano, para apresentar uma leitura, à altura de nossa época, dos conceitos psicanalíticos e das condições sociais que

hoje perpassam o tema da fertilidade. À luz das mudanças socioculturais e econômicas das últimas décadas, bem como dos avanços nos âmbitos da medicina, da ciência e do direito, o autor analisa o tema de forma abrangente e robusta na extração das contribuições da psicanálise para o estudo das exigências de trabalho psíquico colocadas pela possibilidade de conceber e gestar. Fenômenos como gravidez na adolescência, aborto, recusa da paternidade, reprodução assistida, adoção, decisão de não ter filhos e menopausa têm lugar em sua análise, sempre cirurgicamente delimitados pelo contexto social em que se apresentam e pela importância de serem considerados a partir da singularidade de quem os experimenta.

Na sequência, Julieta Jerusalinsky apresenta, em "O bebê e o tempo primordial", as ideias que delimitam o campo de estruturação do sujeito a partir do laço entre o bebê e aquele que cerca de palavras e sentidos sua entrada no mundo. A autora percorre conceitos que, em Freud e Lacan, apontam para o valor decisivo das experiências do início da vida, sem desconsiderar que a abertura a novas inscrições e à ressignificação dessas experiências também pode acontecer em momentos posteriores. O texto situa, ainda, as diferenças entre diagnóstico e sintoma, para colocar em pauta as condições que demandam intervenções clínicas na infância, no lugar da espera por uma solução pela passagem do tempo. Jerusalinsky lança mão de uma escrita delicada e assertiva por meio da qual conduz o leitor ao encontro das questões que envolvem o trabalho implicado na criação de crianças.

No capítulo subsequente, "Prematuridade", Ethel Cukierkorn Battikha aborda a magnitude do sofrimento e do trabalho psíquico colocados a mães e pais quando seus bebês nascem prematuramente. A autora interroga possibilidades de sustentação de um olhar subjetivante para o bebê, bem como de tradução e simbolização de suas experiências, quando aqueles que se encarregam dessas funções encontram-se, eles próprios, sob o impacto dos riscos à vida do filho recém-nascido e dos excessos traumáticos impostos pelo tratamento na UTI neonatal. Battikha chama a atenção, também, para as marcas que a prematuridade pode deixar no tecido orgânico e no tecido psíquico, entre os quais uma necessária elaboração deve se produzir a fim de evitar as consequências

do aprisionamento no tempo do trauma. Seu trabalho tem um brilho ímpar diante da expansão dessas internações na contemporaneidade e convida a uma reflexão potente e cuidadosa acerca de seus possíveis efeitos sobre a saúde mental.

Renata Petri, em "Desejo, amor e sexo na adolescência", transcende o universo dos momentos iniciais da parentalidade, majoritariamente abordados nos cinco volumes desta coleção, para focalizar os desafios colocados aos jovens e seus pais na travessia da adolescência. A autora conduz o leitor ao tempo das separações e ilumina as interfaces entre a queda dos pais como objeto privilegiado do amor e o encontro do sujeito com o sexo, entendido em seus desdobramentos sobre o corpo, a identidade e os laços. Petri destaca como, do lado dos pais, a separação também impõe exigências psíquicas igualmente árduas, à medida que lhes é demandado seguir com a sustentação de suas funções e, ao mesmo tempo, permitir a partida do filho. Nas linhas da autora, a complexidade do tema dissolve-se em leveza e precisão, temperadas pela feliz escolha de ilustrá-lo com dramas de personagens de uma série contemporânea.

Para encerrar a sessão "Fundamentos", Mario Eduardo Costa Pereira, em "Finitude e parentalidade", interroga as condições para que o sujeito suporte a precariedade das garantias e a opacidade da relação com a finitude de sua própria vida. O autor faz uma incursão sintética e certeira nas ideias de Freud e Lacan sobre a inexistência de uma representação da morte de si mesmo no inconsciente, para situar como trauma e desamparo, em sua íntima relação com o irrepresentável, têm lugar central na condição humana. Pereira caminha em direção às funções parentais na criação de possibilidades para que uma criança ouse, um dia, lançar-se à vastidão da existência e responsabilizar-se por seu desamparo fundamental. O texto é rico em referências filosóficas, literárias e culturais, incluindo as que permeiam o universo infantil, de modo a construir uma atmosfera tocante e convidativa a um mergulho nas inquietações trazidas à tona pelo tema.

Na sessão "Parentalidade e mal-estar contemporâneo", contamos com a preciosa e necessária contribuição de Ilana Katz em "Infâncias e parentalidade: nomeações, funções e funcionamentos". A autora parte da ideia convergente na antropologia e na psicanálise lacaniana segundo

a qual uma criança responde, pela via da afirmação, da recusa ou da transformação, ao lugar que lhe é reservado no discurso cultural e familiar. O texto destaca a importância de levarmos em conta a pluralidade das experiências de infância no Brasil, em seus contrastes econômicos, culturais e territoriais, para problematizar a ilusão de que, enquanto sociedade, protegemos indiscriminadamente a todas as crianças. Katz traça o caminho que extrai da práxis psicanalítica de escuta de crianças a via por meio da qual, ao lhes dar voz, podemos furar as homogeneidades violentas e excludentes que sustentam um modelo de criança e de parentalidade no discurso e nas políticas sociais.

A sessão "Interlocuções" encerra o livro com o brilhante trabalho do filósofo Vladimir Safatle, "Estado suicidário, fascismo e problemas no uso político do conceito de pulsão de morte". O autor coloca em primeiro plano a importância de considerarmos o campo político e social de nossa época no estudo das condições oferecidas à constituição de uma nova geração. Nesse contexto, analisa a economia pulsional do fascismo, de modo a destacar o agenciamento de uma destrutividade capaz de inebriar o litoral entre o extermínio do outro e o aniquilamento de si mesmo, de mobilizar de forma crescente todo o entorno no campo destrutivo e de, assim, produzir a impressão de uma tendência à infinitude. Safatle discute o estatuto *suicidário* do Estado fascista e critica o uso do conceito psicanalítico de *pulsão de morte* nas análises de seu fundamento psicológico, de modo a convocar leitoras e leitores a uma reflexão viva e urgente frente aos desafios sociais da atualidade.

O enlace entre esses sete capítulos permite uma viva aproximação com a íntima e plural relação entre parentalidade e tempo, ricamente evidenciada nas elaborações de cada autor e cada autora.

Boa leitura!

## Referências

FREUD, S. *A interpretação dos sonhos* [1900]. Rio de Janeiro: Imago, 1986. (Edição Standard Brasileira das Obras Psicológicas Completas de Sigmund Freud, IV).

FREUD, S. Inibições, sintomas e ansiedade [1926]. *In: Um estudo autobiográfico, Inibições, sintomas e ansiedade, A questão da análise leiga e outros trabalhos (1925-1926).*

Rio de Janeiro: Imago, 1986. p. 95-201. (Edição Standard Brasileira das Obras Psicológicas Completas de Sigmund Freud, XX).

FREUD, S. Três ensaios sobre a teoria da sexualidade [1905]. *In: Um caso de histeria, Três ensaios sobre a sexualidade e outros trabalhos (1901-1905)*. Rio de Janeiro: Imago, 1986. p. 118-230. (Edição Standard Brasileira das Obras Psicológicas Completas de Sigmund Freud, VII).

FREUD, S. Sobre a Transitoriedade [1915]. *In: A história do movimento psicanalítico, artigos sobre metapsicologia e outros trabalhos (1914-1916)*. Rio de Janeiro: Imago, 1986. p. 345-348. (Edição Standard Brasileira das Obras Psicológicas Completas de Sigmund Freud, XIV).

GARRAFA, T. Os pais chegam antes. *Revista Cult*, São Paulo, n. 251, p. 27-29, nov. 2019.

LACAN, J. Nota sobre a criança [1969]. *In: Outros escritos*. Rio de Janeiro: Jorge Zahar, 2003. p. 369-370.

LACAN, J. *O seminário, livro XI: Os quatro conceitos fundamentais da psicanálise* [1964]. Rio de Janeiro: Jorge Zahar, 2008.

LACAN, J. O tempo lógico e a asserção da certeza antecipada [1945]. *In: Escritos*. Rio de Janeiro: Jorge Zahar, 1998. p. 197-213.

# FUNDAMENTOS

# Tempos da fertilidade

● *Rubens M. Volich*

Transcendência e transformação são capacidades essenciais do humano. Entes da natureza, somos capazes de conviver, domesticar e modificar outros seres e, também, destruí-los. Vivendo em um ambiente potencialmente hostil, aprendemos a utilizar seus recursos com vistas a nossa sobrevivência e desenvolvimento, sendo igualmente capazes de aniquilá-lo. Criamos famílias, grupos, sociedades e culturas capazes tanto de colaborar como de se eliminar mutuamente. Desenvolvemos técnicas que nos permitem superar limites físicos – o tempo, o espaço, a geografia – e biológicos – características e funções de nossa espécie e de nosso organismo.

Nada escapa a essa ânsia do humano. Confrontados aos desafios para a sobrevivência, a limites individuais, coletivos ou ambientais, marcados pela frustração, inconformados ou sofridos nessa condição, muitas vezes tramamos para eliminar, superar ou subverter esses limites. É essa a dinâmica inexorável do desejo. Nenhuma dimensão de nossa existência escapa a essa dinâmica, por mais imprevisíveis, nocivos e, mesmo, destrutivos que sejam alguns de seus meandros.

A evolução de nossa espécie e a história individual que cada um carrega, constrói ou imagina são atravessadas pelas marcas da capacidade humana de desejar. Construímos nossas vidas, relações e realizações

marcados pelas frustrações e satisfações que encontramos ao longo desse percurso. Transformamos e somos transformados pelo ambiente, pela sociedade e pela cultura em que vivemos. Cada dimensão de nossa existência é configurada pela complexidade dessas interações: a subjetividade de cada um, nossas formas de compreender e de nos relacionar com o mundo, com o presente e com o futuro, de interagir com familiares e com estranhos, de amar e de odiar, a sociedade que construímos e aquela com a qual sonhamos, e muitas outras.

Como revelou Freud, a trama do desejo se articula por meio das meadas das pulsões (FREUD, [1915] 1980d). Como destacou Lacan, ela também é tecida pelos fios das palavras e da linguagem (LACAN, 1985).

Para além dos instintos e das necessidades vitais para a sobrevivência, que demandam objetos específicos para sua satisfação (alimentação para a fome, líquidos para a sede, outra pessoa capaz de proteger o bebê em desamparo, por exemplo), a pulsão amplia as possibilidades do prazer, obtido inicialmente pela satisfação das necessidades biológicas, para uma gama muito mais ampla de formas e prazeres, já não mais vinculados à premência de sobrevivência ou da proteção da integridade do sujeito. Por meio das experiências de satisfação, constituem-se as marcas e as lembranças de alívio e de prazer que fundam a fantasia, o sonho e o psíquico. A lembrança de satisfações e prazeres vividos no corpo permite imaginar outros prazeres, a serem obtidos por meio de objetos e formas nunca antes experimentados.

As palavras e a linguagem, mediadas por outro sujeito, mais competente e organizado que o bebê ou a criança, também atravessado por desejos, nomeiam essas experiências, introduzindo-os ao universo do humano e da cultura. Também por meio de olhares, gestos, e não apenas palavras, ao nomear prazeres, objetos e formas de satisfação, a linguagem materializa, consolida e amplia os recursos imaginários, simbólicos e representativos do sujeito, enriquecendo a trama desejante e o universo de virtualidades por ela engendrado.

É por meio da trama do desejo que transcendemos e transformamos muitas de nossas experiências do mundo, sua materialidade e os fenômenos nele presentes, da natureza, do outro e de nós mesmos, em particular do funcionamento de nosso corpo.

## Tempo real, tempos do desejo

Apesar de inserida no tempo e no espaço, a *experiência* humana frequentemente difere das medidas cronológicas e espaciais, oscilando ao sabor do prazer e do desprazer, da felicidade e da tristeza, dos momentos de vida (infância, adolescência ou adulto) em que ocorrem. Sabemos que um mesmo lapso de tempo pode tardar a passar quando estamos tristes e ser curto demais quando nos encontramos envolvidos por aquilo que nele acontece. Aqueles que são capturados pelo passado podem não conseguir viver o presente ou imaginar um futuro, outros que visam ansiosa e exclusivamente ao futuro desconsideram o presente e o passado, indispensáveis para que ele se construa.

Assim, ao tempo real da física correspondem vivências de tempo de outra natureza, moduladas pelo desejo e pelo teor das experiências que marcaram a história do sujeito, que remontam às primeiras vivências corporais da infância, sensações, necessidades e ritmos biológicos como fome, sede, sono, ao contexto relacional em que foram vividos e à forma como foram, ou não, satisfeitos por aqueles que tentaram responder a tais solicitações. Os ritmos corporais da criança, oscilando entre a tensão, resultante da emergência de uma necessidade, e o prazer do relaxamento, que se segue a sua satisfação, constituem gradativamente a vivência da temporalidade humana. Uma temporalidade marcada não apenas pela cronologia, pelos ritmos da natureza e biológicos do corpo, mas também atravessada pela sexualidade, pelo desejo, pelo prazer e pelo desprazer, e também pelos tempos da palavra, por suas inscrições simbólicas e imaginárias, que trazem consigo as marcas do outro e do social.

Os tempos do desejo são impregnados pela pulsão, por sua premência, por suas raízes corporais e sua condição inconsciente, que, funcionando segundo o princípio do prazer, não reconhece os ditames da realidade, a ordenação temporal (e tampouco a espacial, a negação ou a contradição), como sistematicamente revelam os sonhos, a fantasia, os devaneios e os delírios (FREUD, [1900] 1980b; [1915] 1980c). Em nossas vivências inconscientes, tudo é possível, coexistindo, sem nenhuma contradição, o passado e o presente, o antes e o depois, o

aqui e o acolá, as cenas da infância e as fantasias sobre o futuro, os filhos que fomos e os pais que somos ou esperamos ser. Nas vivências inconscientes podemos ser, ao mesmo tempo, homem e mulher, velhos e moços, habitar corpos que nunca tivemos, morar em lugares e tempos que nunca conhecemos ou, mesmo, que inexistem.

Nos meandros do inconsciente, forjados pelo corpo, pela palavra e pelo desejo, são gestadas as capacidades de transcendência e transformação humanas. É no inconsciente que a vivência dos funcionamentos orgânicos e ritmos biológicos de nossos corpos, marcados pela genética, por instintos e necessidades, pode ser transcendida, subvertida, para ser também vivida em outra dimensão corporal, espacial e temporal, que constitui corpo erógeno (DEJOURS, 1991). Um corpo de sonhos, de fantasias, de criatividade e de anseios, que, para além da sobrevivência individual e da perpetuação da espécie, coloca-se a serviço da constituição, da realização e da transformação de cada sujeito, de sua relação com seus semelhantes, com o mundo, com os grupos aos quais pertence.

Essas modalidades de vivência do tempo, da realidade e do corpo atravessam todas as etapas da existência do sujeito, desde o seu nascimento, e, mesmo, por meio da história de seus pais, sua concepção, sua filiação, suas formas de inserção, pertinência e relação com a genealogia, com o grupo familiar e com o meio social. Elas coexistem e interagem com as dimensões reais e concretas do mundo físico e material e com realidade anatômica, biológica e fisiológica do corpo, com o contexto social.

Apesar de marcadas pela cronologia do tempo real, às manifestações observáveis de cada etapa da vida – a concepção, a gravidez, o nascimento, a infância, a puberdade, a vida adulta, a maturidade e o envelhecimento – e de suas contingências – saúde, doença, parentalidade, filiação, morte, entre outras – correspondem sempre, no plano individual e coletivo, experiências que transformam cada uma delas em vivências únicas de cada sujeito humano, que, para serem compreendidas e cuidadas, convidam ao desenvolvimento de outras formas de observação e escuta, em toda a amplitude de suas manifestações.

## Tempos da sexualidade

Também a fertilidade humana é atravessada por todas essas experiências. Porém, frequentemente, ela é sobretudo considerada a partir de sua função, comum a todos os seres vivos, de perpetuação da espécie, da capacidade de um indivíduo, um casal ou um grupo de produzir descendentes.

Do ponto de vista biológico, o fenômeno da fertilidade envolve processos fisiológicos, as oscilações das capacidades reprodutivas do homem e da mulher e a compreensão de fatores internos e ambientais que podem contribuir ou comprometer essas capacidades. Diferentes especialidades pesquisam e cuidam desses processos, desenvolvendo também técnicas que permitem controlar a capacidade de gerar filhos, ou para contornar dificuldades encontradas para fazê-lo. No âmbito socioeconômico, as questões da fertilidade têm implicações demográficas e na ecologia populacional, determinando índices de natalidade, número de filhos de um casal, idade média de gestações, taxas de renovação e envelhecimento populacional, entre muitos outros.

Há mais de 100 anos, provocando intensas polêmicas e resistências, Freud evidenciou que a sexualidade humana não se restringe à realização do instinto natural de preservação da espécie, à atividade reprodutiva (FREUD, [1905] 1980f). Essa ideia, até então dominante e reforçada pela moral social e religiosa, negava uma dimensão trivial e cotidiana da atividade sexual, também a serviço do desejo, do prazer e de inúmeras criações humanas, considerando anormal ou como perversão qualquer desvio dessa função de procriação. A psicanálise revelou a condição imanente da sexualidade independente dessa função, antes mesmo da emergência da capacidade reprodutiva na adolescência, desde os primeiros momentos de satisfação do recém-nascido. Ao explicitar a pluralidade de manifestações infantis da sexualidade, sua expressão em diferentes partes do corpo, não apenas genitais, Freud também permitiu reconhecer sua força pulsional estruturante da diversidade de caminhos do desenvolvimento humano, sua função na organização do psiquismo, na articulação com as funções corporais e em diferentes expressões subjetivas.

Assim, sem dúvida marcadas por fatores genéticos e hormonais, por variações fisiológicas e anatômicas de diferentes etapas e momentos da vida do indivíduo, do casal e da família, bem como por modelos socioculturais e condições econômicas, a fertilidade e as funções reprodutivas também transcendem essas funções biológicas, a serviço do indivíduo, da espécie e dos grupos humanos, para se manifestar em fantasias, desejos, prazeres e suas diferentes formas de manifestação nas relações amorosas e configurações eróticas, na conjugalidade e na parentalidade.

É assim que, nas últimas décadas, mudanças socioculturais e econômicas, associadas a recursos médicos e científicos e a dispositivos jurídicos, modificaram de forma significativa as configurações familiares e suas representações. Há muito a sexualidade e mesmo a filiação se desvincularam do casamento, e, mais recentemente, a reprodução passou a poder prescindir da relação sexual. A entidade familiar já não é caracterizada ou mesmo reconhecida juridicamente apenas como aquela formada por um homem e uma mulher. Uma maior tolerância para separações, diferenças, diversidades pessoais, sexuais e de gênero, múltiplas relações de união estável, maior facilidade para divórcios e respeito ao direito da busca por relações amorosas satisfatórias e não compulsórias, mudanças no lugar, função social e participação das mulheres no universo do trabalho são alguns dos principais fatores que tornaram cada vez mais frequentes recasamentos, uniões homoafetivas com ou sem filhos, gestações por terceiros ou "produções independentes", famílias mono e pluriparentais, paternidade e maternidade socioafetivas.

Todas essas mudanças significativas, traduzidas em novos arranjos familiares formados por afinidade, afeto, fantasias e desejos, são ao mesmo tempo atravessadas e repercutidas sobre os tempos da fertilidade, intimamente relacionados aos tempos da sexualidade, mesmo quando camuflados pelo recalcamento, omitidos pela negação, cindidos pela dissociação ou esgarçados pela fragmentação funcional.

Em meio a essas e outras dinâmicas, são vividas as primeiras experiências sexuais da adolescência e da vida adulta, as gestações precoces e as, em qualquer época, nem sempre desejadas, os dilemas e os conflitos

quanto a sua interrupção e a vontade de assumi-las. Elas permeiam as fantasias e a realidade da construção das mais diversas formas de família, pelo encontro amoroso com um outro ou por contingências narcísicas, bem como o desejo e a vivência da concepção e da gestação pelos pais. Essas experiências atravessam as decisões de ter ou não filhos e a escolha dos métodos anticoncepcionais utilizados. Participam das condições que contribuem para a gravidez de um casal, seu sucesso e suas dificuldades, bem como das tentativas, da espera e da decisão de recorrer a técnicas de reprodução assistida para superá-las, ou ainda da escolha pela adoção. Por fim, na menopausa, o entrelaçamento das representações e experiências da fertilidade com a sexualidade marca também a vivência particular das mulheres da impossibilidade real de conceber e as formas como lidam com ela.

## Tempos de descoberta, turbulências

A maturidade sexual de meninas e meninos ocorre na puberdade, tornando concretamente possíveis a concepção e a gestação. Porém, essa experiência é invariavelmente precedida pelos cuidados vividos por cada um como filhos, por relações familiares e identificatórias com o masculino, com o feminino e com outros gêneros, com pais e outras pessoas significativas, por configurações narcísicas e edípicas que forjam as fantasias de tornar-se pai ou mãe, marcadas pelo desejo e pela ambivalência ou ainda pela recusa e pela impossibilidade de imaginar-se em tais condições. Essas experiências modelam desde a infância as representações da potencialidade de engendrar.

Com as transformações corporais da adolescência, intensificadas por hormônios e pela libido, a virtualidade da fertilidade e da reprodução ganha novas formas, possíveis de serem materializadas pela concepção e pela gestação. Essas mudanças, que acompanham a maturidade reprodutiva, marcam mais e são mais visíveis nas meninas do que nos meninos.

Nos meninos, o aparecimento e aumento de pelos em diferentes partes do corpo, o crescimento e o aumento da massa muscular, a mudança de voz, entre outros, provocam certo estranhamento, e algumas

vezes confusão e insegurança quanto a sua identidade e imagem corporal, mas se apresentam mais gradualmente em continuidade com o corpo da infância. Por sua vez, nas meninas, além das transformações graduais dos pelos pubianos e das formas do corpo, a menstruação e o surgimento dos seios são frequentemente vividos de forma ambivalente e perturbadora mesmo quando desejadas. Em alguns momentos, são experiências valorizadas como marcas de acesso ao universo das mulheres adultas, em outros, fonte de insegurança e angústia pelas fantasias por elas despertadas. Nas mulheres, o aparecimento dos seios, a menarca e, posteriormente, a gravidez, os partos e a menopausa se constituem como experiências cronossexuais marcadas por fantasias primitivas, que modificam constantemente a imagem de si mesma, sua identidade, sua organização psíquica, suas relações reais e fantasiadas com o casal parental, em especial com a mãe (ANZIEU, 1991, p. 50, 52).

A vivência periódica das sensações corporais, sentimentos e fantasias que acompanham o ciclo menstrual propicia mais frequentemente às mulheres uma maior proximidade com representações da fertilidade, tanto quando deixa de se materializar pela gravidez, transformando-se no fluxo menstrual, como quando esta é esperada ou anunciada pelo atraso das regras.

Em meio aos sentimentos e turbulências provocados por mudanças corporais, identificatórias, psíquicas e relacionais, na puberdade, inicialmente passa quase que despercebido o fato de que se tornar homem, mulher ou assumir outra identidade sexual tem também como componente a possibilidade de gerar descendentes. Curiosos e estimulados pela atividade hormonal, ansiando experimentar e conhecer as novas sensações e capacidades de seus corpos em transformação, os adolescentes têm, muitas vezes, dificuldade para controlar seus impulsos, testam e, algumas vezes, extrapolam seus limites. Nessas condições, é difícil para eles reconhecer o que sentem e vivem, expressar ou conversar sobre essas experiências, o que contribui para as atuações, transgressões e os mais diversos tipos de acidente. É nesse contexto que ocorre a gravidez na adolescência e, mesmo, mais tarde, muitas gestações precoces indesejadas.

Apesar dos inúmeros métodos contraceptivos disponíveis, as taxas de gestação precoce e não planejada são altas em todo o mundo, em particular em países em desenvolvimento.[1] A precocidade dessa experiência comporta riscos físicos e psíquicos para a gestante e mãe e também para o pai adolescente, bem como para o futuro bebê, com um risco aumentado de complicações gestacionais, fetais e neonatais, que repercutem nas famílias dos jovens pais (RENEPONTES; EISENSTEIN, 2005).

Condições socioeconômicas e culturais como pobreza, precariedade da educação, situações de abandono, de abuso e de violência familiar concorrem para sensações de desesperança e vulnerabilidade psíquica, principalmente das meninas adolescentes, que algumas vezes buscam na maternidade, de forma idealizada, reconhecimento e proteção. Associadas à desinformação sobre a sexualidade e direitos sexuais e reprodutivos, esses fatores levam à negligência quanto aos métodos contraceptivos e, assim, às gestações precoces. Além disso, a excitação e os excessos da vida adolescente, muitas vezes relacionados ao uso de álcool e outras substâncias, em combinação com sentimentos onipotentes que negligenciam os riscos de gravidez, também contribuem para esse resultado.

Desses contextos resulta que cerca de 50% das gestações não planejadas terminam em abortos, no Brasil, geralmente realizados na clandestinidade, por pessoal não qualificado e/ou em condições inadequadas, com sequelas orgânicas (urogenitais, ginecológicas e nas funções reprodutivas) e psíquicas e mortalidade materna.

Paralelamente a essas circunstâncias individuais e familiares, a gravidez, a maternidade e a paternidade adolescentes e precoces frequentemente agravam as condições socioeconômicas dos jovens pais,

---

[1] Em 2018, a taxa mundial de gestações precoces era estimada em 46 nascimentos para cada mil meninas entre 15 e 19 anos. Na América Latina e no Caribe, era de 65,5 nascimentos, enquanto no Brasil correspondia a 68,4 nascimentos para cada mil adolescentes. Em 2015, cerca de 18% dos recém-nascidos eram filhos de mães adolescentes, correspondendo a mais de 500 mil crianças de mães entre 10 e 19 anos (ONU BRASIL, 2018; OPAS; OMS; UNFPA; UNICEF, 2016).

principalmente da mãe e de sua família, que, muitas vezes, acaba por assumir o cuidado e o sustento do bebê, da filha-mãe e, mesmo, da jovem família. Nos grupos sociais desfavorecidos, é frequente a interrupção ou o abandono dos estudos, principalmente pelas jovens mães, mas também pelos pais, que, diante da necessidade de suprir ou contribuir para o sustento da criança, entram precocemente e pouco preparados no mundo do trabalho, comprometendo a continuidade da educação formal, as perspectivas futuras de trabalho e os projetos de vida.

A gravidez na adolescência é também uma questão social e de saúde pública, pois sobrecarrega o sistema de saúde, com aumento de prestações e custos relacionados às intercorrências e aos riscos da gestação e do puerpério precoces, como aumento da mortalidade, prematuridade e baixo peso no nascimento, frequentes nessas condições e com repercussões sobre a vida tanto da criança como da mãe e do jovem pai, tendo ele assumido ou não seu lugar.

Nesse aspecto, o desconhecimento, a recusa da paternidade e o abandono pelo pai, bastante frequentes nas gestações precoces, não desejadas ou inesperadas, têm como resultado um grande número de filhos com pais desconhecidos, criados no ambiente dos avós maternos, nos quais a mãe ainda é predominantemente vista como filha, perturbando tanto a autoimagem e o exercício da função materna pela jovem mãe como os jogos identificatórios e a construção do mundo objetal da criança.

Constatamos assim que, para a grande maioria dos adolescentes, a experimentação e o exercício de sua sexualidade frequentemente passa ao largo, dissocia, recalca ou nega a representação de sua fertilidade e as possibilidades reprodutivas de seus corpos sexualmente amadurecidos, geralmente distantes de desejos ou fantasias de descendência. A gravidez é quase sempre temida, considerada um acidente de percurso, uma experiência a ser evitada por meio de métodos contraceptivos ou, quando ocorre, um acontecimento inesperado e perturbador que os confronta com a realidade e com seus limites, dúvidas e receios quanto a sua capacidade de assumir e cuidar daquele ser que eles descobrem que engendraram, que ameaça seu cotidiano e seus projetos de vida.

Por meio das inúmeras experimentações da adolescência, o jovem descobre as possibilidades e os limites de seu corpo, de sua identidade e de relações com o outro. Com o tempo, ao sabor de encontros e decepções, de satisfações e frustrações amorosas e sexuais, ele gradualmente constrói um maior conhecimento de si mesmo, preparando-se também para relações mais maduras e estáveis com parceiros.

Na passagem para a vida adulta, vão também se decantando as dimensões narcísicas e objetais dessas experiências, que reverberam cenas infantis e vivências com os próprios pais e rearranjam sua constelação edípica. Esses movimentos delineiam o caminho para possíveis relações mais consistentes, talvez duradouras, com um companheiro ou com uma companheira e para eventualmente sonhar, junto com alguém ou sozinho, com a possibilidade de engendrar um filho que passe a compartilhar de sua vida. Nesse momento, reproduzindo, transcendendo ou ampliando o narcisismo e a história de cada um, a fertilidade do corpo pode ser fantasiada, investida, desejada e conscientemente traduzida pelas experiências de tornar-se pai e mãe.

### Cenas da fertilidade

Do ponto de vista biológico, o início da história individual do ser humano é geralmente datado pela fecundação. Porém, em sentido mais amplo, sua *concepção* é precedida pela história de cada um dos pais, pelas vivências em suas famílias de origem, pelas características das relações com seus progenitores, irmãos, outros parentes e com diferentes gerações. A partir delas, formam-se ao longo da vida as representações de família, de relações conjugais possíveis, impossíveis e idealizadas, da maternidade e da paternidade, experiências que participam do desejo de se tornar (ou não) pais.

Ainda antes da constituição de um casal, vão sendo construídos sonhos e fantasias a respeito do bebê, da criança e da família do porvir, que consciente ou inconscientemente entram em ressonância com o potencial reprodutivo orgânico de cada um. De início incerto e duração imprecisa, uma *gravidez imaginária* frequentemente precede e prepara os projetos de engendrar filhos e a gestação biológica,

modulando as condições e possibilidades de fecundação, a evolução e a vivência de intercorrências da gravidez e do desenvolvimento fetal. De forma semelhante, um bebê e uma família imaginários precedem e acompanham a materialização da experiência real da paternidade e da maternidade.[2] Por meio dessas dimensões imaginárias inicia-se o exercício parental das funções pré-natais, que, na gestação, propiciam as integrações intersubjetivas virtuais entre os pais, o embrião e o feto (MISSONNIER, 2007).

Nos primeiros tempos de encontro, a fertilidade é quase sempre discreta, ofuscada pelo desejo, pela sexualidade e pelo prazer dos primeiros momentos de paixão e de descoberta. Quando manifesta, por sinais do corpo – como sensações na ovulação ou a menstruação –, pela lembrança, pela fantasia ou pelo desejo de ter filhos, ou ainda pela realidade da convivência com crianças, frutos de experiências semelhantes, pode ainda ser contornada, evitada, adiada, em nome de outros sonhos, desejos e projetos de vida, individuais e compartilhados.

Em qualquer circunstância, a fertilidade é um palco sutil, mas fundamental, no qual podem, ou não, organizar-se e se manifestar o desejo de ser pai ou mãe, os meios para concretizar esse desejo, as vivências da gestação, do parto e, mais tarde, o cuidado do bebê e da criança, experiências e fantasias que, por sua vez, configuram as cenas da parentalidade.

Da fertilidade, do corpo, de cada um dos pais e das dinâmicas do casal depende ainda a possibilidade de materialização das fantasias narcísicas de cada um deles, depositadas nas expectativas de descendência, projetadas no futuro, e também de ficções transgeracionais que inconscientemente associam essas fantasias a suas famílias de origem e a gerações anteriores ao projeto parental (EIGUER, 1995).

---

[2] A importância das dimensões erógena, hipocondríaca, fantasmática e imaginária das experiências corporais é destacada por inúmeros autores, como M. Aisenstein, S. Leclaire, M. Sami Ali, I. Fontes, M. H. Fernandes, entre outros. Essas dimensões permeiam a vivência dos pacientes e a prática clínica de todos os profissionais da saúde, influenciando a compreensão da queixa, o diagnóstico e os processos terapêuticos (VOLICH, 2002).

Uma vez consumada pela gravidez, a fertilidade novamente se recolhe ao fundo da cena, desvanece-se, cedendo lugar às misteriosas experiências da gestação, ao deslumbramento e às angústias suscitadas pelo acompanhamento das transformações do feto, às fantasias, expectativas, receios e ambivalências dos pais, que, cada um a sua maneira e juntos, gestam e preparam a chegada de mais um protagonista de sua história compartilhada.

Outras vezes, a fertilidade se manifesta ruidosa por seu negativo, por sua impossibilidade, em tentativas malogradas de fertilização, naturais ou médicas, em abortos, frustrando roteiros conjugais, esvaziando sonhos e esperanças, perturbando laços familiares e transformando o enredo idealizado e aguardado em drama, algumas vezes tragédia, em cenas vazias.

## (In)fertilidade

Paradoxalmente, a fertilidade ganha relevância quando é gritante a ausência de suas manifestações.

No Ocidente, a taxa de fecundidade, número de filhos por família, vem diminuindo de forma significativa há algumas décadas. Segundo estudo da Organização das Nações Unidas (ONU), a maioria dos casais no mundo não consegue ter o número de filhos que deseja.[3] Principalmente nos países socioeconomicamente mais desenvolvidos, cada vez mais mulheres têm retardado a idade da primeira gestação,[4] assim

---

[3] No Brasil, a taxa de fecundidade em 2018 foi de 1,7 filhos por mulher, abaixo da média mundial, de 2,5. A queda nos níveis da fecundidade no Brasil ocorreu em 30 anos, de forma mais abrupta que na Europa e na maioria dos países, que levou cerca de 100 anos. O estudo revela também uma marcante diferença socioeconômica nessas taxas. Em nosso país, mulheres com maior escolaridade e melhor condição profissional têm cada vez menos filhos, geralmente menos do que o número desejado, enquanto aquelas com menos escolaridade, renda e oportunidades profissionais têm filhos mais cedo, muitos nascidos de gestações não planejadas (UNFPA, 2018).

[4] Em 1970, a idade média das mães da Comunidade Europeia ao nascimento do primeiro filho era de 24 anos, e passou para 30,7 em 2017. Na França, em 1960,

como tem aumentado expressivamente o número de gestações tardias,[5] a infertilidade e a esterilidade.[6]

Essas transformações nas formas de expressão individuais, familiares, sociais e, mesmo, orgânicas da fertilidade são fruto de conhecidas mudanças nos papéis e nas funções sociais da mulher, nas relações amorosas, na conjugalidade e nas configurações familiares, combinadas com o maior controle da natalidade, graças aos métodos anticoncepcionais, que facilitaram o aumento de sua escolaridade e sua emancipação profissional e econômica. A maior dedicação à vida profissional, por exemplo, é um importante fator para o adiamento tanto de projetos conjugais como de maternidade, o que, do ponto de vista biológico, acarreta menores chances de engravidar.[7]

Naturalmente, mesmo quando desejadas e livremente escolhidas, todas essas mudanças repercutem nas vivências subjetivas de cada parceiro e nas dinâmicas do casal. Porém, quando se manifestam dificuldades concretas para engravidar, essas perturbações reverberam de forma mais profunda e significativa.

---

essa idade era de 27,6 anos, e passou para 30,6; na Suíça, era de 29,7, e 31,9 em 2017. Sem informações de 1960 para comparar, em 2017 a média de idade na Alemanha era de 31 anos; na Espanha, 32,1; na Itália 31,9; e no Reino Unido 30,5 (PORDATA, [s.d.]).

[5] No Brasil, de 1998 a 2017, o número de mulheres que deram à luz entre os 35 e os 39 anos aumentou 71%, enquanto na faixa entre 30 e 34 anos, o aumento foi de 37%, e entre os 40 e os 44 anos, cresceu 50%. Por outro lado, os nascimentos de bebês com mães entre 20 e 29 anos caíram 15% (VERSOLATO; GAMBA, 2019).

[6] Segundo a Organização Mundial da Saúde (OMS), a infertilidade atinge aproximadamente 15% da população. Um em cada cinco casais tem problemas para engravidar. No Brasil, cerca de oito milhões de pessoas apresentam essa dificuldade.

[7] A fertilidade feminina começa a declinar por volta dos 32 anos, com uma queda dramática depois dos 37 anos. Em mulheres entre 20 e 30 anos, a taxa mensal de fecundidade é de cerca de 25%, depois dos 35 anos, menos de 10%, e a partir dos 40 anos, cai de forma ainda mais abrupta. Aos 25 anos, a chance de uma mulher de engravidar em um ciclo menstrual é de 20% a 25%, enquanto, aos 40 anos, essa chance é de 8% (BYDLOWSKI, 2003).

A infertilidade é caracterizada pela impossibilidade de gravidez após um a dois anos de tentativas de um casal sexualmente ativo, sem uso de contraceptivos (LARSEN, 2005). É importante distingui-la da esterilidade, uma incapacidade irreversível de pelo menos um dos parceiros de contribuir para a concepção natural de um filho. A infertilidade permite vislumbrar a superação de eventuais obstáculos orgânicos, psíquicos ou relacionais ao sucesso da fecundação, e a possibilidade de concepção futura de um filho do próprio casal. A esterilidade permanente, por disfunção orgânica, fruto de doença ou intervenção médica, implica quase sempre ter de recorrer a recursos externos, da medicina (fertilização *in vitro*, transferência de embriões), de outra pessoa ou casal (doação de esperma, doação temporária do útero ou gestação de substituição e mesmo adoção) para satisfazer o desejo de ter filhos, muitas vezes total ou parcialmente concebido e/ou gestado por, pelo menos, uma outra pessoa estranha ao casal.

Durante muito tempo, a infertilidade foi atribuída quase que exclusivamente à mulher, porém, evidentemente, ela implica também o homem. Apenas há algumas décadas foi reconhecido que também ele é responsável pela dificuldade para engravidar, sendo cada um deles responsável por cerca de 35% das causas orgânicas dessa dificuldade (SPEROFF; FRITZ, 2005). Assim, é importante que os problemas de fertilidade sejam considerados pela perspectiva das dinâmicas do casal.

Inúmeros fatores orgânicos e ambientais podem contribuir para a infertilidade, como fatores congênitos, disfunções anatômicas, infecções crônicas (principalmente pélvicas), distúrbios hormonais, idade mais avançada da mulher e do homem, histerectomias, sedentarismo e obesidade, maus hábitos alimentares (dieta excessiva em gorduras, hormônios nas carnes), anorexia, consumo de tabaco, álcool e drogas e causas ambientais como poluição, entre outros (SPEROFF; FRITZ, 2005). Das mulheres inférteis, 10% são portadoras de endometriose, que diminui a chance de engravidar de 36% para 12%, enquanto, entre as principais causas das dificuldades masculinas, encontra-se a varicocele, um dos fatores que contribuem para a diminuição da quantidade e da motilidade e para o aumento de malformações dos espermatozoides.

Em cerca de 10 a 15% dos casos de infertilidade, os médicos não conseguem identificar causas orgânicas conhecidas, levantando a hipótese de ela ser provocada por "fatores psicogênicos". Há muito a clínica psicanalítica revela que muitas das expressões da infertilidade, inclusive somáticas, tanto no homem como na mulher, são intimamente relacionadas às dinâmicas do casal e à história individual e familiar de cada um deles (FAISAL; VOLICH, 2010).

As expressões anatômicas, fisiológicas e hormonais do homem e da mulher, normais ou patológicas, estão intimamente relacionadas à subjetividade e à história de cada parceiro e do casal, às satisfações e aos conflitos, a questões familiares e às representações do feminino e da maternidade para a mulher (LANGER, 1981), do masculino e da paternidade para o homem, além de outras possibilidades identificatórias de gênero, também relacionadas a tais funções. A trama psicossomática (VOLICH, 2000) articula essas e muitas outras diferentes dimensões da experiência humana e, em particular, participa também das possibilidades e intercorrências da concepção, da gravidez, do parto e dos desenlaces das experiências posteriores da parentalidade.

A dimensão identificatória e transgeracional dessa trama tem uma importância particular nas questões relativas à fertilidade. Independentemente da idade, tornar-se pai e mãe implica uma passagem do homem e da mulher da condição de filhos que foram (e que, mesmo adultos, continuam a ser) de seus respectivos pais para, por sua vez, tornarem-se pais de seus próprios filhos. Mobilizando construções narcísicas e vivências edípicas de cada um, esse movimento, também marcante na escolha de parceiros, na constituição do casal e de suas dinâmicas, muitas vezes é atravessado e atualiza conflitos que perturbam tanto as relações conjugais como a constituição e a realização de fantasias e desejos de gerar filhos e constituir sua própria família.

A clínica revela ainda outros fatores perturbadores da vida conjugal e da fertilidade do casal. Tanto nos homens como nas mulheres, rivalidades inconscientes com a mãe ou com o pai e culpas por fantasias incestuosas e edípicas podem prejudicar a atividade sexual do casal e a legitimação de seu desejo de se tornarem pais e exercerem as funções da parentalidade. Vivências anteriores de perda, de abortos naturais

ou provocados, alimentam culpas, fantasias e temores de repetição de tais experiências, fomentando expectativas de problemas gestacionais e de desenvolvimento do feto.

Na mulher, particularmente, temores quanto às transformações corporais da gravidez algumas vezes suscitam uma recusa inconsciente da maternidade, que pode ser racionalizada pelos mais diversos motivos, familiares, profissionais, pela vontade do casal de aproveitar a vida a dois, e, mesmo, projetada sobre a suposta ou real falta de interesse do parceiro em ter filhos. Dinâmicas projetivas semelhantes também podem ser observadas no homem, que, não reconhecendo sua dificuldade em assumir o lugar paterno, atribui à companheira o adiamento ou a impossibilidade de gestação.

As dificuldades para engravidar repercutem nas relações do casal, em cada parceiro e na família. Principalmente nas concepções planejadas, e ainda mais intensamente nas tentativas em idade mais avançada, a sucessão mensal de tentativas infrutíferas acaba por incrementar os níveis de angústia e de insegurança de cada um dos parceiros, transformando a espera pela gravidez em um período tenso e particularmente sensível à emergência de conflitos e, muitas vezes, de desconfiança sobre a responsabilidade pelos insucessos, trazendo à tona e amplificando conflitos mais antigos e de outras naturezas na relação entre eles.

A descoberta dos limites do suposto controle sobre o processo reprodutivo, sobre qual se construiu a decisão de adiar a chegada dos filhos, o contato com a incerteza reiterada de cada tentativa de gestação representa uma ferida significativa ao narcisismo dos pais e do casal, que pode alimentar um círculo vicioso que torna as tentativas de gestação ainda mais difíceis.

As reações de cada parceiro e do casal diante da infertilidade são moduladas pela subjetividade e pelos recursos de cada um e pelas construções conjuntas do casal. A expectativa da gravidez geralmente é vivida mais intensamente pela mulher, principalmente por ser ela que fantasia e deve experimentar as transformações de seu corpo, a preparação para nele gestar uma nova vida, as incertezas quanto a sua capacidade de sustentar essas condições e, mesmo, de forma mais

intensa que seu parceiro, as mudanças que essa condição implicará futuramente em sua vida, no parto e no puerpério. Mesmo quando envolvido, investindo o projeto de um novo filho e compartilhando expectativas semelhantes à de sua companheira, o homem dificilmente alcança a dimensão da vivência corporal da gravidez esperada pela mulher quando ela se concretiza, e, algumas vezes, ainda menos quando ela é frustrada.

Os insucessos e as decepções das tentativas de engravidar podem provocar, tanto no homem como na mulher, sentimentos de culpa e dúvidas quanto a sua condição feminina ou masculina e quanto a suas capacidades para exercer a maternidade ou a paternidade. Muitas vezes, eles também suscitam inseguranças quanto à sensualidade e à virilidade do parceiro, sensações de menos valia, fracasso e vergonha, vividas com relação às famílias de origem, mas também um com relação ao outro, e ainda, frequentemente, sentimentos de tristeza, algumas vezes depressão, decorrentes de um trabalho de luto pela perda de uma gravidez esperada e da criança imaginária que ela deveria gestar.

A capacidade de lidar com esses sentimentos e de elaborar a vivência pontual ou crônica da condição de infertilidade é um fator importante para o equilíbrio afetivo, sexual, e de outras experiências do casal. A dificuldade de constatar ou compartilhar as vivências individuais dessa condição frequentemente remete cada parceiro a uma condição solitária que perturba a qualidade da relação e da vida familiar, prejudicando também a atividade e a satisfação sexual. Muitas vezes, a medicalização do tratamento da infertilidade e a idade mais avançada da mulher fazem com que a vida sexual do casal se volte quase que exclusivamente para fins reprodutivos, empobrecendo as fantasias e a dimensão erótica da relação, esvaziando o desejo e reduzindo-a aos imperativos da necessidade e da função reprodutiva.

### Entre o desejo e o médico

A ciência oferece inúmeras formas de contornar as condições e os obstáculos à fertilidade por meio de recursos para planejar e controlar

as possibilidades e circunstâncias da gravidez (métodos anticoncepcionais, coito programado, inseminação artificial, fertilização *in vitro* e outros) ou mesmo, mais tarde, do nascimento, pela programação precisa do parto por cesariana.

Cada vez mais casais recorrem aos tratamentos médicos para a infertilidade, técnicas de reprodução assistida (fertilização *in-vitro*, injeção citoplasmática de esperma – ICSI, congelamento, doações e transplantes de embrião, gestação por terceiros) como formas de conseguir realizar seu projeto de construir uma família. Geralmente indicados em função de disfunções orgânicas (do homem, da mulher ou de ambos), são tratamentos longos e incertos,[8] de alto custo financeiro e intensas repercussões emocionais e, como vimos, nas dinâmicas do casal e em sua sexualidade.

Grande parte das mulheres que se submetem a esses tratamentos relata um grande nível de angústia e sofrimento. Sucessivas tentativas frustradas de reprodução assistida desgastam e perturbam a relação do casal e, inclusive, o significado de sua vontade de terem filhos. Os tratamentos hormonais, a coleta de óvulos e espermatozoides, a inseminação em laboratório, o monitoramento frequente do processo reprodutivo e do organismo da mulher e do homem, as manipulações e implantes de embriões são frequentemente sentidos como invasivos e desagradáveis, repercutindo principalmente no corpo da mulher.

Todos esses processos, assim como a equipe e a tecnologia médica, interpõem-se entre os parceiros e o projeto de gestação e passam a pautar a vida do casal, produzindo sensações de distanciamento e solidão e, mesmo, em alguns, de desapropriação de seus desejos de descendência, que podem, mais tarde, perturbar a inserção do filho assim gerado na linhagem simbólica familiar. No caso de concepções a partir da doação de óvulos ou espermatozoides de terceiros, em ambos os parceiros é frequente o surgimento de fantasias incestuosas, com um dos pais ou meios-irmãos, e dúvidas sobre os laços de parentesco (HORA; BARALDI; GOMES, 2008).

---

[8] Para as mulheres, as chances de sucesso são de 40% aos 35 anos, 15% aos 40 e 4% entre 42 e 45 anos (VERSOLATO; GAMBA, 2019).

A busca pela reprodução assistida é uma das últimas etapas de uma jornada difícil e desgastante para o casal que não consegue engravidar. Geralmente, eles chegam a ela com uma longa história de sofrimento por decepções, tentativas frustradas após um alto grau de expectativa (do casal, mas também do meio familiar e social) em cada uma delas. Sabemos que muitos casais recorrem por anos às técnicas mais modernas e não conseguem engravidar. Nessas condições extremas e difíceis, justamente quando são mais necessárias, são menores as possibilidades de sucesso de intervenções médicas ou psicoterapêuticas.

Em alguns casos, a reprodução assistida pode ser compreendida como um sintoma do modo de vida contemporâneo, quando, frente à dificuldade de engravidar, a mulher, o homem ou o casal recorrem à tecnologia em vez de interrogar seu desejo (Cunha, 2003). Em geral pautados predominantemente pela perspectiva médica, os protocolos de reprodução assistida nem sempre consideram fatores e conflitos subjetivos, relacionais e individuais do casal, que, uma vez elaborados em análise ou psicoterapia, podem não apenas contribuir para uma maior eficácia da técnica utilizada, mas também viabilizar concepções por vias naturais, bem menos custosas, também emocionalmente, para o casal.

É significativo e convida à reflexão que, algumas vezes, após o insucesso de uma série de tratamentos para engravidar, o casal adote uma criança e, pouco tempo depois, engravide inesperada e naturalmente. Evidencia-se, então, que o impedimento anterior para a concepção não era exclusivamente devido a um eventual mau funcionamento do aparelho reprodutivo dos pais, mas que, provavelmente, algo na relação entre eles, ou na família, contribuía para a condição anterior de infertilidade. Nesses casos, a adoção, ao transformar a configuração familiar e as relações do casal e propiciar novas vivências como pai e mãe e com a parentalidade, pode ter tornado possível a concepção natural.

### Escolhas e limites

A condição da fertilidade acompanha por meandros tortuosos a existência humana. Por vezes silenciosa, mensalmente anunciada

para a mulher, depende da alteridade, do encontro e do desejo para manifestar sua potência, ganhar corpo, revelar-se em um novo ser. Por meio dela, podem materializar-se os anseios de cada parceiro e do casal de perpetuar-se pela descendência, de toda uma família de continuar existindo através de seus descendentes.

Vinculada às condições dos corpos daqueles que a desejam ou que, inesperadamente, com ela se confrontam, a fertilidade pode, como vimos, não se materializar, frustrando, por sucessivas concepções impossíveis ou gestações interrompidas, desejos, fantasias e projetos longamente acalentados. Impulsionada pela intensidade dos desejos, busca ainda se concretizar pela tecnologia médica e outros recursos terapêuticos. Ainda assim, nesse enfrentamento, muitas vezes, o corpo reitera a impossibilidade de conceber e gestar o sonho de um filho próprio.

Mesmo frustrado, o sonho insiste. Alimentado pelo amor, mas também por forças narcísicas, sustentado pelo desejo de tornar-se pai e mãe, de cuidar e ver materializar-se, pelo filho, os anseios de cada um, uma vez mais, o desejo do casal transcende os limites do corpo ainda buscando sua realização.

Quando não podem se materializar por meio de uma descendência própria, os sonhos do casal podem encontrar em outra criança, desconhecida, a possibilidade de se perpetuar. Por que não reconhecer na adoção uma forma de expressão da fertilidade, que prescinde da materialidade dos corpos dos pais para existir?

Muitos casais que se confrontam com a infertilidade ou com a esterilidade decidem adotar, alguns até sem tentar a reprodução assistida. Entre os muitos motivos que podem levar a essa escolha, a elaboração do luto do filho próprio, imaginário, pode levar à "concepção" de outro filho, filho de outros, como forma de satisfazer seus desejos, viver a paternidade e a maternidade, de constituir uma família (GHIRARDI, 2008). Tanto como para um filho natural, as condições da parentalidade de um filho adotivo dependem da qualidade da relação e do clima entre os pais, mas, especialmente, da capacidade de transformar a dimensão narcísica implicada na ideia de que a doação e o amor dedicado a um filho apenas são possíveis quando vinculados aos laços biológicos que o une aos pais.

A fertilidade implica tanto a espera como a escolha. Inclusive a livre escolha de não concretizá-la, quando da decisão de não ter filhos, por serem outros os desejos da mulher ou do homem. E também a difícil e ambivalente escolha de renunciar a sua manifestação, por meio de aborto ou doação do bebê após o nascimento, em razão de uma eventual precocidade da gravidez, da precariedade da vida material ou das condições subjetivas de cada um, da recusa ou hesitação quanto ao desejo de descendência, por duvidar da capacidade pessoal ou do casal de sustentar o projeto de um filho e de uma família.

Não cabe juízo de valor quanto a escolhas dessa natureza, muitas vezes física e psiquicamente dilacerantes. Cabe respeito, escuta e acolhimento aos sofrimentos decorrentes de tais dilemas, protegendo e cuidando, sobretudo, do corpo da mulher, que sofre diretamente as consequências das gestações interrompidas. O aborto continua sendo a quarta causa de morte materna no Brasil, em especial em função das condições de clandestinidade em que é realizado, frequentemente precárias, por ainda não ser legalizado em nosso país.[9]

Em condições menos difíceis, também é possível considerar renúncias autênticas do homem, da mulher ou do casal a sua capacidade de gerar filhos. Para cada um deles, a paternidade e a maternidade podem se constituir como experiências importantes de suas identidades, porém elas não são nem exclusivas nem compulsórias.

Apesar de que a maioria manifeste e realize o desejo de vivê-las, ambos podem se sentir subjetivamente realizados e verdadeiramente felizes sem a experiência da parentalidade. Para as mulheres, em particular, por muito tempo os modelos sociais foram reforçados pelas hipóteses de Freud e de muitos psicanalistas, que valorizavam a maternidade como parte indissociável do feminino: o filho seria uma "compensação tardia" pelo fato de não ter um pênis, uma experiência importante para a "dissolução" do complexo de Édipo da mulher (FREUD, [1931], 1980e). Porém, à luz da clínica e das vivências das

---

[9] Verdadeiro problema de saúde pública, apenas em 2016 ocorreram 203 mortes, e cerca de 5 mil mulheres quase morreram em função de complicações graves decorrentes de gestações interrompidas em condições precárias (CÁSSIA; SOUSA, 2018).

mulheres, já há bastante tempo essa leitura vem sendo discutida e questionada em diversos âmbitos, inclusive pela própria psicanálise (Ocariz, 2020, p. 277).

É verdade que a renúncia a ter filhos pode ocorrer por negação ou recalcamento de conflitos em torno do desejo de descendência, por dificuldades em assumir o lugar de pai ou de mãe. Porém também ocorre que essa renúncia seja feita de forma verdadeira, com consciência dos conflitos e elaboração das perdas nela implicadas.

A partir de sua história, cada um constrói a trama que configura o potencial biológico da fertilidade, traduzindo-o, ou não, no desejo de parentalidade. A escolha de ter ou não filhos é uma liberdade da mulher, do homem, do casal, fruto da construção subjetiva de cada um e de ambos. Em certo momento, consciente ou inconscientemente, eles podem entrar em contato com essas questões, escolhendo ou recusando essa possibilidade. Em si, elas não são nem boas nem ruins, cabe a cada um elaborá-las e lidar com suas consequências.

Quando o tempo impõe seus limites, mínguam aos poucos as condições do corpo, principalmente das mulheres, para traduzir, acolher e sustentar as fantasias e os desejos de descendência. Em meio ao estranhamento e ao desconcerto, manifestam-se as mudanças da menopausa: a interrupção da familiaridade ambivalente das regras, os calores, as insônias, a hipersensibilidade, as alterações de ritmos e de humor, sintomas que sinalizam o ocaso de sua capacidade de gestar.

Apesar das cólicas e de outros desconfortos a elas associadas, para a mulher, a menstruação permanece sendo, ao longo da vida, um símbolo de sua feminilidade adulta, uma marca do momento inaugural de sua possível maternidade. A perda dessa referência amplifica outros sentimentos e fantasias que já há algum tempo acompanhavam as mudanças de seu corpo, de sua beleza, de sua sensualidade, de sua relação com um companheiro, para muitas inconscientemente lastreadas em seu poder de engendrar filhos. Difícil viver a impossibilidade real de conceber, até mesmo filhos que, talvez, nem sequer desejasse ter.

A menopausa frequentemente provoca na mulher sentimentos de autodepreciação e diferentes matizes de tristeza, angústia e solidão, muitas vezes emaranhadas a outras experiências desse período da vida,

como a entrada dos filhos na vida adulta, formando suas próprias famílias, a diminuição ou interrupção da atividade profissional, o envelhecimento e a morte dos pais.

Em meio a todas essas vivências, é difícil para ela discernir entre essa nova e natural impossibilidade de ter filhos e sua identidade como mulher, reconhecer e assumir muitos outros fatores de sua subjetividade, independentes de sua condição materna, à qual, muitas vezes, permanecem ainda amalgamados a sexualidade e o erotismo.

Não é fácil lidar com a realidade do tempo, do corpo e com a impossibilidade desse corpo de responder às fantasias e às idealizações da dimensão materna da experiência feminina. Ao materializar de forma definitiva essa impossibilidade, a menopausa desafia a mulher ao difícil trabalho de luto da fertilidade perdida e da maternidade idealizada, da mãe que imaginou vir a ser um dia, mas que nunca será.

É necessária a elaboração dessas perdas para resgatar o que ela mesma construiu como mulher e como pessoa, para além de sua condição materna, mesmo que ela nunca tenha tido filhos. Por meio dessa elaboração, ela pode também resgatar a capacidade erógena de seu corpo e da fantasia, capazes de cicatrizar feridas, transformar as perdas, descobrir outros desejos. Mesmo que seu corpo não possa mais colocar sua sexualidade a serviço da criação da vida, pode ainda usufruir do prazer de experimentá-la e traduzi-la em outras criações.

Novamente, é preciso vencer preconceitos, superar representações sociais e lutar contra o recalcamento e os conflitos inerentes à expressão do sexual. Fomentadas pela menopausa, o recato, a vergonha e a autodepreciação da mulher na meia-idade e idosa com relação a seu corpo e seus desejos geralmente tornam mais difíceis essas tarefas. Apesar da dificuldade em assumir e falar a respeito, é importante reconhecer que ainda nessas fases a sexualidade permanece presente, o desejo, possível, assim como a descoberta de outras formas de exercer a função materna, não exclusiva aos próprios filhos e para além de netos.

Ao envelhecer, nem a mulher nem o homem estão condenados a renunciar ao desejo, às fantasias e ao lúdico do sexual, em suas mais diversas formas de expressão, mesmo que precisem respeitar os limites do corpo para acompanhá-las, e encontrar outras formas de satisfazê-las.

Enquanto há vida, é possível o desejo. É ele que desperta a curiosidade, as buscas pela satisfação, pelo encontro, pelo amor, pelo sexo. Plástico, ele é passível de transformação e sublimação.

Desde sempre, os tempos da fertilidade transcendem a capacidade reprodutiva do humano. Para além de sua capacidade de gerar descendência biológica, cabe ainda lembrar que é também pela criação, pela arte, pela música, pela poesia e pela transformação social que a fertilidade pode se manifestar e transmitir o legado de cada um ao longo das gerações.

## Referências

ANZIEU, A. *A mulher sem qualidade: estudo psicanalítico da feminilidade* [1989]. São Paulo: Casa do Psicólogo, 1991.

BYDLOWSKI, M. Facteurs psychologiques dans l'infertilité féminine. *Gynécologie, Obstétrique, Fertilité*, n. 31, p. 246-251, 2003.

CÁSSIA, S.; SOUSA, H. Aborto é a quarta causa de morte materna no Brasil. *Brasil de Fato*, 31 jul. 2018. Disponível em: https://bit.ly/3bsRu5R. Acesso em: 20 fev. 2020.

CUNHA, M. C. V. Infertilidade, reprodução assistida e filiação simbólica: uma escuta psicanalítica. *In*: ENCONTRO MUNDIAL DOS ESTADOS GERAIS DA PSICA-NÁLISE, 2., 2003, Rio de Janeiro. *Anais...* Disponível em: https://bit.ly/3anbsyA. Acesso em: 20 fev. 2020.

DEJOURS, C. *Repressão e subversão em psicossomática: investigações psicanalíticas sobre o corpo* [1989]. Rio de Janeiro: Jorge Zahar, 1991.

EIGUER, A. *O parentesco fantasmático: transferência e contratransferência em terapia familiar e psicanalítica* [1987]. São Paulo: Casa do Psicólogo, 1995.

FAISAL, A.; VOLICH, R. M. *Segredos de mulher: diálogos entre um ginecologista e um psicanalista*. São Paulo: Atheneu, 2010.

FREUD, S. A dissolução do complexo de Édipo [1924]. *In*: *O ego e o id, e outros trabalhos (1923-1925)*. Rio de Janeiro: Imago, 1980a. p. **217-228**. (Edição Standard Brasileira das Obras Psicológicas Completas de Sigmund Freud, XIX).

FREUD, S. *A interpretação dos sonhos* [1900]. Rio de Janeiro: Imago, 1980b. (Edição Standard Brasileira das Obras Psicológicas Completas de Sigmund Freud, IV-V).

FREUD, S. O inconsciente [1915]. *In*: *A história do movimento psicanalítico, artigos sobre a metapsicologia e outros trabalhos (1914-1916)*. Rio de Janeiro: Imago, 1980c. p. 191-238. (Edição Standard Brasileira das Obras Psicológicas Completas de Sigmund Freud, XIV).

FREUD, S. O instinto e suas vicissitudes [1915]. *In*: *A história do movimento psicanalítico, artigos sobre a metapsicologia e outros trabalhos (1914-1916)*. Rio de Janeiro:

Imago, 1980d. p. 137-168. (Edição Standard Brasileira das Obras Psicológicas Completas de Sigmund Freud, XIV).

FREUD, S. Sexualidade feminina [1931]. *In*: *O futuro de uma ilusão, O mal-estar na civilização e outros trabalhos (1927-1931)*. Rio de Janeiro: Imago, 1980e. p. 15-80. (Edição Standard Brasileira das Obras Psicológicas Completas de Sigmund Freud, XXI).

FREUD, S. Três ensaios sobre a teoria da sexualidade [1905]. In: *Um caso de histeria, Três ensaios sobre a sexualidade e outros trabalhos (1901-1905)*. Rio de Janeiro: Imago, 1980f. p. 129-250. (Edição Standard Brasileira das Obras Psicológicas Completas de Sigmund Freud, VII).

GHIRARDI, M. L. A presença da infertilidade no contexto da adoção: efeitos possíveis na relação pais/filhos adotivos. *In*: VOLICH, R. M.; FERRAZ, F. C.; RANÑA, W. (Orgs.). *Psicossoma IV: corpo, história, pensamento*. São Paulo: Casa do Psicólogo, 2008. p. 151-164.

HORA, M. G. A.; BARALDI, M. G. B.; GOMES, T. P. A. Reflexões sobre a interdição do incesto perante as novas formas de procriação. *In*: ALONSO, S. L.; BREYTON, D. M.; ALBUQUERQUE, H. M. F. M. (Orgs.). *Interlocuções sobre o feminino*. São Paulo: Escuta, 2008. p. 262-272.

LACAN, J. *O seminário, livro 11: Os quatro conceitos fundamentais da psicanálise*. Rio de Janeiro: Zahar. 1985.

LANGER, M. Transtornos da fecundação. *In*: *Maternidade e sexo*. Porto Alegre: Artes Médicas, 1981. p. 141-162.

LARSEN, U. Research on Infertility: Which Definition Should We Use? *Fertil Steril*, v. 83, n. 4, p. 846-852, 2005.

MISSONNIER, S. Le premier chapitre de la vie? Nidification fœtale et nidation parentale. *La Psychiatrie de l'Enfant*, v. 50, n. 1, p. 61-80, 2007.

OCARIZ, M. C. Feminilidade e função materna. *In*: ALONSO, S. L.; GURFINKEL, A. C.; BREYTON, D. M. (Orgs.). *Figuras clínicas do feminino no mal-estar contemporâneo*. São Paulo: Escuta, 2002. p. 277-288.

ONU BRASIL. Taxa de gravidez adolescente no Brasil está acima da média latino-americana e caribenha. 28 fev. 2018. Disponível em: https://bit.ly/2xZoBzT. Acesso em: 18 fev. 2020.

OPAS; OMS; UNFPA; UNICEF. *Acelerar el progreso hacia la reducción del embarazo en la adolescencia en América Latina y el Caribe*. Washington D.C., 2016. Disponível em: https://bit.ly/33KFABP. Acesso em: 18 fev. 2020.

PORDATA. Idade média da mãe europeia ao nascimento do primeiro filho. Disponível em: https://bit.ly/2WDhNSq. Acesso em: 18 fev. 2020.

RENEPONTES. P.; EISENSTEIN, E. Gravidez na adolescência, a história se repete. *Adolescência e Saúde*, v. 2, n. 3, p. 11-15, 2005.

SPEROFF, L.; FRITZ M. *Clinical Gynecologic Endocrinology and Infertility*. Philadelphia: Lippincott Williams & Wilkins, 2005.

UNFPA. *O poder de escolha: direitos reprodutivos e a transição demográfica*. Brasília: UNFPA, 2018. Disponível em: https://bit.ly/2J0jSjB. Acesso em: 18 fev. 2020.

VERSOLATO, M.; GAMBA, E. Em 20 anos, gravidez após os 35 anos cresce 65% no Brasil. *Folha de S.Paulo*, 13 jan. 2019. Disponível em: https://bit.ly/2UtMIxU. Acesso em: 18 fev. 2020.

VOLICH, R. M. *Hipocondria: impasses da alma, desafios do corpo*. São Paulo: Casa do Psicólogo, 2002.

VOLICH R. M. *Psicossomática, de Hipócrates à psicanálise*. São Paulo: Casa do Psicólogo, 2000. [7. ed. rev. e ampl.: 2010.]

# O bebê e o tempo primordial

● *Julieta Jerusalinsky*

*Compositor de destinos*
*Tambor de todos os ritmos*
*Tempo, tempo, tempo, tempo*
*[...]*
*Peço-te o prazer legítimo*

*E o movimento preciso*
*Tempo, tempo, tempo, tempo*
Caetano Veloso. *Oração ao tempo*, 1979.

Falar de bebês, trabalhar com bebês, implica abordar o primordial, ou seja, o que está no começo, na origem, e também aquilo que resulta decisivo e principal na vida.

O tempo do bebê é um tempo do primordial, tempo no qual cada pequeno detalhe do cotidiano assume a grandiosa importância da frase com que se inicia o texto. O texto da vida de alguém ainda está por ser escrito na primeiríssima infância. É um vir a ser. Mas o modo como um texto se inicia não é indiferente para o que virá depois.

Na vida não podemos jogar a folha fora, amassá-la e recomeçar como se as inscrições produzidas não tivessem valido. Será preciso sempre seguir a partir do ponto em que se está, com as inscrições que se leva. Por isso as primeiras experiências de vida têm uma força inaugural:

"o dito primeiro decreta, legisla, [...] é oráculo", diz Lacan ([1960] 1985, p. 785). Entendemos assim o valor decisivo das primeiras palavras com as quais se significa a vinda ao mundo de um bebê.

Claro que ao longo da vida são muitos os momentos e acontecimentos em que as inscrições produzidas terão seu sentido relançado, ao se articularem com novos acontecimentos, desencadeando assim possíveis novas significações.

Em um primeiro tempo, temos um bebê que nasce absolutamente imaturo desde o ponto de vista neuroanatômico e, desde o ponto de vista psíquico, tampouco está estruturado, não detendo um saber previamente inscrito que oriente minimamente suas escolhas no mundo, determinando o que lhe convém. Diferentemente dos animais, que contam com comportamentos pré-fixados diante de determinados estímulos, os filhotes humanos não contam com um instinto. O modo como um ser humano virá a reagir diante de estímulos, o que será para cada um os limiares e as qualidades de prazer e desprazer, dependerá das inscrições que nele se produzam ao longo dos primeiros tempos da vida, chamados de infância.

No melhor dos casos, diante de tanto desamparo, um bebê será acolhido por outrem, que, ao tomá-lo em um lugar de desejo, interpretará o que nele se passa, supondo-o sujeito e buscando propiciar-lhe experiências de satisfação. Isso é o que costumamos chamar de mãe (entendida aqui como agente de uma função, e não como mãe biológica).

Entenda-se, portanto, que a primeira interpretação que se recebe na vida não é a do psicanalista, e sim a da mãe! Justamente porque é dessa forma interpretativa que o saber humano se transmite, ligando os estímulos a representações de linguagem. Entenda-se também que o lugar do bebê e o da mãe são extremamente assimétricos. A mãe já está psiquicamente constituída e é ela que assigna um lugar para o bebê na estrutura que o precede. Assim, todos nós, no tempo de ser bebê, estamos sujeitos ao lugar que outro nos dá para ser, somos acolhidos em um cenário pintado com as cores desse outro. Entenda-se ainda que a mãe dá o lugar que pode ao bebê, estabelecido desde a sua própria condição inconsciente, bem como desde a sustentação familiar, social e cultural na qual está inserida, já que o exercício da maternidade tampouco é dado naturalmente por um

58 FUNDAMENTOS

instinto e menos ainda produzido como uma competência consciente ou puramente individual. Acontecimentos biográficos, como a morte de seres queridos; acontecimentos históricos, como a separação de bebês de seus pais, que, por serem imigrantes, passam a ser considerados delinquentes; intercorrências vividas no período puerperal, como internações ou comunicados de diagnósticos podem introduzir uma fratura no exercício da função materna e, portanto, na acolhida desse bebê.

Em um segundo tempo, as inscrições produzidas no tempo de ser bebê se relançam no tempo de ser uma pequena criança. A pequena criança (entre 3 e 6 anos) é alguém que já fala e que brinca de faz de conta, representando as demais crianças como seus pares, seus semelhantes, e se percebendo dentro de uma estrutura familiar desde a qual os seres amados (mãe, pai, tios, avós) também têm relações que independem da que têm com ele. Desse modo, a criança passa a experimentar conflitos, rivalidades, identificações e escolhas simbólicas de objetos de amor, na medida em que vai desejando ocupar um lugar dentro dessa estrutura, pelo qual reivindica satisfações, ao mesmo tempo que se confronta com as interdições culturais (como a assimetria entre as gerações e as diferenças sexuais próprias do conflito edípico) desde as quais se impõem limites que barram o seu gozo, delimitando que não se pode ter tudo ou ser tudo e que há formas certas de fazer para pertencer a uma cultura e a uma família.

Esse é um tempo no qual, para a criança, ainda está se inscrevendo a sua autocensura, e, por isso, a pequena criança diz coisas incríveis, que tantas vezes revelam verdades familiares caladas, tomando os adultos de surpresa ou pudor, já que a criança responde ao contexto em que vive e se coloca ainda de um modo desavergonhado. O brincar de faz de conta tem um papel decisivo como produção estruturante nesse momento da vida, pelo qual a criança brinca de encarnar ideais que para ela já eram antecipados pelos pais, brincando de ser no faz de conta o que ainda não pode ser na realidade, mas que almeja poder realizar em um futuro. Dentro dessa esfera imaginária e protegida do brincar ela produz suas respostas psíquicas diante dos conflitos da vida.

Em um terceiro tempo, as inscrições da pequena criança se relançam nas produzidas ao longo do tempo da criança, que, aproximadamente a

partir dos 6 anos, já tem uma consciência moral, preocupando-se com o que é certo e com o que é errado, sente vergonha e também orgulho de conquistas que tantas vezes implicam esforços em lugar de satisfações imediatas (como aprender a ler e escrever ou treinar um esporte), direcionando-se aos ideais da cultura, diante dos quais é preciso poder desejar e festejar vitórias, mas também suportar perder, entendendo a dimensão da falta a ser que implica caminhar em direção a um ideal, mas não sê-lo plenamente.

Esses diferentes momentos da infância (do bebê, da pequena criança e da criança), por sua vez, relançam-se na adolescência, tomada aqui como um quarto tempo em que se anuncia o final da brincadeira, em que as coisas começam a ser para valer, a ter valor de ato, no amor, no exercício da sexualidade e nos interesses culturais que definirão as escolhas possíveis para a entrada no mundo. É tempo de tomar a palavra em nome próprio, realizando uma das mais duras operações psíquicas (FREUD, [1905] 1977), que é separar-se da autoridade dos pais, levando junto consigo as inscrições transmitidas (por pais, familiares, professores), como uma herança simbólica que não diz tudo e que não garante tudo, mas que será base e referência nessa caminhada de escolhas amorosas e inserção social.

A sucessão de cada um desses grandes momentos lógicos, que certamente abarcam uma série de outras operações, é trazida aqui de modo breve para situar como as inscrições produzidas em um único momento da vida não decidem tudo, pois o que vem depois pode ressignificar o que se inscreveu antes. Ao longo da vida sempre estaremos abertos a novas inscrições, à força de acontecimentos biográficos, históricos ou psíquicos que podem modificar os rumos e sentidos de nossa história.

Para denotar isso, Freud falava do *a posteriori*, e Lacan, do *après-coup*. Esses conceitos que perpassam suas obras situam como o sentido que um acontecimento assume na vida não cobra seu valor no próprio instante em que ocorre, e sim em um "só depois do golpe", quando em torno da vivência se tece uma rede simbólica desde a qual se estabelece a significação de cada acontecimento. Daí que um mesmo acontecimento possa ter consequências tão diversas na vida de cada um, dependendo da rede simbólica em que ele incida.

Cada uma desses momentos da vida tem conflitos próprios, sendo assim denominados momentos lógicos que, ainda que costumem se produzir em torno de determinadas idades, não estão garantidos por uma cronologia. Será preciso que inscrições estruturantes se produzam na relação do bebê com os outros (materno, familiar, escolar, terapêutico e social) para que esses momentos lógicos que fazem parte da estruturação psíquica ocorram, não bastando apenas a passagem do tempo.

Por isso, quando comparecem dificuldades que fixam uma criança em um conflito diante do qual ela não encontra a saída, não se deve deixá-la à espera contando com que a simples passagem do tempo resolva. É preciso intervir para favorecer a estruturação que está em curso ao longo da infância e da adolescência – tempo da vida no qual as experiências de vida são decisivas para quem alguém irá se tornar.

Assim, retomando o dito no início, quando uma criança encontra dificuldades, o texto já está iniciado, e o que se inscreveu nela como entrave, dificuldade ou sofrimento tem o seu peso. No entanto, um tratamento pode introduzir nessa frase um "mas, porém, contudo, entretanto, todavia, não obstante..." capaz de subverter o rumo dessa história.

Mas atenção: não temos todo o tempo para produzir isso! Ainda que, diante de uma condição de sofrimento, seja preciso e legítimo intervir em qualquer momento da vida, a passagem do tempo não é indiferente. A força de produzir uma reestruturação pela intervenção clínica é inversamente proporcional à idade na qual a intervenção ocorre. Portanto, na primeiríssima infância (dos 0 aos 3 anos), é imprescindível apostar em intervenções que sustentem a possibilidade de constituição de um bebê em lugar de submetê-lo precipitadamente a diagnósticos fechados que desemboquem em métodos específicos por patologia.

Ao longo de toda a vida há certa abertura a inscrições, contudo, nas palavras de Freud ([1905] 1977), temos bons motivos para acreditar que não há período em que a capacidade de receber e reproduzir inscrições seja maior do que precisamente nos anos de infância. Esse é um tempo também em que os prazeres e os desprazeres ainda não estão fixados. Mais uma vez, Freud ([1905] 1977) aponta que a infância se caracteriza pelo polimorfismo das vicissitudes pulsionais, ou seja, tempo em que a criança faz tantos experimentos quanto lhe é possível e vive em um

estado de curiosidade e espanto diante do mundo. Ou seja, na infância há uma abertura a inscrições, porque os prazeres e desprazeres não estão fixados, e não há ainda uma fixação nos modos de obter prazer, porque há uma abertura a inscrições.

Denota-se apoiado no exposto porque a estrutura psíquica não está decidida na infância, o que implica colocar em xeque o cânone da psicopatologia desde o qual tantas vezes afirma-se, precipitada e peremptoriamente, que alguém "é... autista, hiperativo, bipolar, transgressor opositor" ou seja lá qual for o "transtorno" psicopatológico desde o qual se pretenda fixar uma criança, que ainda está em pleno vir a ser, como se seu destino já estivesse escrito em algum manual de psicopatologia.

Não se trata de negarmos diagnósticos. Ao longo da infância podemos reconhecer em algumas crianças um modo de funcionamento que implica um sintoma clínico, entendendo-o como um obstáculo que detém os passos lógicos que fazem parte de sua estruturação. Nesses casos será preciso intervir. No entanto, a diagnose é um processo bastante complexo, ainda mais em se tratando da infância, já que a dimensão da infância como um período de estruturação está acima da de uma psicopatologia decidida. As inscrições que se operarem ou não se operarem nesse transcurso temporal chamado infância serão, passo a passo, decisivas para o rumo que a vida irá tomando, em um destino que está por ser construído ao longo do tempo.

Em psicanálise, o sintoma não é uma simples falha que tira a criança de uma normalidade ideal ao considerá-la inerentemente "transtornada" (termo utilizado no manual de doenças mentais que na contemporaneidade é utilizado como guia nos serviços públicos e particulares para indicar tratamentos). Considera-se o sintoma da criança como uma resposta ao Outro (social, familiar e escolar), portanto, ele não pode ser considerado de forma puramente individual e menos ainda ser extirpado da criança. Será preciso percorrer com ela um percurso terapêutico que lhe permita produzir outros recursos psíquicos para elaborar os acontecimentos de sua vida para que então possa chegar a abrir mão de um sintoma.

Interessante destacar o quanto a noção de que a estrutura psíquica não está decidida na infância é análoga ao que se encontra no campo das neurociências com o conceito de plasticidade neuronal, cunhado

por Kandel, desde o qual se esclarece que a arquitetura do cérebro não nasce pronta. A interconexão entre as células neuronais depende das experiências de vida. Tal noção se opõe a reducionismos organicistas que fazem crer que o organismo estaria dado e definiria o nosso ser. Desde o campo do orgânico também há pesquisadores que trabalham com a lógica da complexidade.

No entanto, esse conceito de plasticidade neuronal tem sido bastante desvirtuado e mal usado como justificativa para bombardear bebês de estímulos fragmentados que tentam inculcar-lhe a repetição de nomes de letrinhas, palavras estrangeiras, reconhecimento de cores ou formas geométricas, como se produções desse tipo fossem capazes de "acelerar" a inteligência de um bebê.

Esse é um ponto sobre o qual é preciso lançar luz na contemporaneidade, dado que grande parte dos bebês, mesmo tendo mãe e/ou pai, vivem institucionalizados, passando 10 ou 12 horas em escolas. Nesse contexto, é corrente a noção de que, para trabalhar no ensino médio ou fundamental, seria necessária maior formação do que para trabalhar no ensino infantil, e que menos formação ainda seria preciso para intervir no berçário.

Assim, os cuidados de bebês na atualidade, época em que todos os adultos estão muito ocupados trabalhando, são delegados a instituições nas quais os bebês muitas vezes são alimentados em série, postos a dormir em série, desfraldados em série, desde uma lógica na qual é frequente que os próprios profissionais desqualifiquem o ato de cuidar de um bebê, afirmando que ali é só "xixi, cocô, mamá e naná".

Para tentar salvaguardar-se dessa desqualificação, muitas vezes, os profissionais de berçário recorrem a sistematizações pensadas para crianças, procurando transpô-las ao tempo do bebê. Assim começam a surgir grades curriculares de ensino para bebês. Intervir nessa época da vida exige considerar em que vertente se toma o termo "educação", pois, em lugar de empurrarmos os bebês na direção de um ensino, é preciso que socialmente nos desloquemos na concepção mais ampla do termo "educar", que implica produzir uma transmissão simbólica.

Mas qual transmissão simbólica pode ocorrer na primeiríssima infância?

Justamente o estabelecimento da nominação e da singularização dos prazeres e desprazeres que se produzem na relação com os outros por meio dos cuidados que são dirigidos ao bebê é uma intervenção estruturante decisiva nesse início da vida. É preciso que esses cuidados estejam permeados por um brincar espontâneo, desde o qual vão se estabelecimento os ritmos de funcionamento do corpo sustentados em rituais que façam simbolicamente sentido (e não apenas como rotinas repetitivas), em que o sono, a alimentação e a troca possam estar engajados em um compartilhamento lúdico do bebê com quem dele cuida.

As cantigas, as parlendas, os jogos da cultura, o brincar com brinquedos e com materiais desestruturados como areia, água, argila, papel ou caixas são muito mais estruturantes do que a repetição do nome de letras, cores ou formas geométricas, já que se prestam como suporte para o que o bebê ou a pequena criança faz com eles, permitindo-lhes ocupar um lugar ativo em lugar de ficarem como espectadores de brinquedos espetaculosos que se brincam sozinhos ou jogos pedagógicos que buscam fixar por insistência correspondências conceituais onde ainda falta o desdobramento da experiência do infante para estruturar tal conteúdo como uma efetiva aprendizagem. Muito mais importante do que estabelecer a coisa em si (na lógica desde a qual A é sempre A, ou azul é sempre azul) é justamente poder transformar uma coisa em outra, tal como ocorre no brincar.

Mas, para que depois uma criança possa fazer de uma caixa uma nave espacial, terá sido imprescindível que primeiramente tenha havido um outro que tenha feito da colher de papinha um aviãozinho, ou seja, que tenha introduzido essa dimensão lúdica no cuidado cotidiano. Aí a educação assume a condição de um ato estruturante pelo qual se compartilha o prazer, bordeja-se o desprazer do corpo e se transformam simbolicamente os objetos, e não apenas uma cena na qual se submete o bebê a rotinas normativas.

A esse respeito, há alguns anos, em meio à leitura de um livro do psicanalista Bruno Bettelheim, *A fortaleza vazia,* deparei com uma frase que ressoou no modo como tem se produzido o cuidado dos bebês na atualidade. Ele chama a atenção para o fato de que, ao se lançar cedo demais um bebê à rigidez de rotinas, "empurrando-o a fazer coisas" que

os adultos querem que ele faça, antes que eles despertem para tais interesses, instaura-se uma destrutividade no desenvolvimento que subjuga o bebê e a pequena criança, primeiramente aos adultos que lhe exigem e, posteriormente, à sua própria ansiedade, o que acaba por produzir "personalidades vazias e compulsivas" (BETTELHEIM, 1967, p. 70-71).

Esse é um daqueles momentos em que fechamos o livro porque não podemos parar de pensar nas tantas pequenas crianças da contemporaneidade que chegam a tratamento porque, ainda que pareçam fazer parte do coletivo, foram submetidas a precoces exigências adaptativas, mas não estão de fato apropriadas, em nome de seu desejo, dos ideais que fazem parte desse coletivo. Funcionam aparentemente bem, mas, diante de qualquer brecha temporal, rapidamente demandam atividades pré-programadas ou joguinhos de regras com os quais possam fazer frente ao vazio que se instaura quando se interroga: o que você gostaria de fazer?, pois carecem da inscrição de uma referência estruturante que singularize o seu desejo, a partir da qual lhes seja possível desdobrar curiosidades ou estabelecer brincadeiras inventivas. Ficam assim à espera de instruções.

Por trás de uma infância expropriada do brincar há pais que, por sua vez, estão expropriados da possibilidade de desdobrar o exercício da maternidade e da paternidade como uma experiência criativa, desde a qual possam interrogar-se pela criança que foram, pelos pais que tiveram e o que disso gostariam ou não de transmitir, engajando o bebê que ali está em uma transmissão transgeracional. O ato de criação de uma criança, com a inventividade que isso implica, é na cultura contemporânea cada vez mais degradado e reduzido à aplicação de uma série de pseudotécnicas, muitas vezes vendidas em manuais, outras tantas em tutoriais virtuais, que "ensinam rotinas" de sono, alimentação, desfralde, por meio de instruções pré-fixadas e fora de contexto a serem seguidas pelos pais e aplicadas nos bebês. Desse modo o bebê é tomado como alguém no qual se deve inculcar um comportamento. Se a técnica for supostamente bem aplicada, os pais conseguirão que o bebê faça o que se quer que ele faça.

Tais técnicas são extremamente procuradas e solicitadas em uma época em que os pais se queixam de "não ter tempo" para o contínuo e complexo trabalho que o educar exige e, portanto, clamam por medidas

supostamente rápidas, eficazes e definitivas. Mas, ao aplicar uma técnica pela qual se quer que o bebê faça algo – por exemplo, que coma todos os grupos alimentares por refeição, que adormeça sozinho, que faça cocô em um determinado horário, ou seja lá qual for a exigência normativa que se impõe –, elide-se um miolo decisivo para que um bebê, em lugar de se submeter, estruture-se. O que está em jogo é um pouco mais extenso: o que permite que um bebê deseje comer a comida de todos? O que permite que um bebê deseje tirar as fraldas ou largar a mamadeira? Certamente é a identificação com os outros, bem como o orgulho de se aproximar de um ideal simbólico que lhe é endereçado. Por isso é principalmente por meio da identificação aos outros que admiramos e da transmissão dos ideais simbólicos que nos são transmitidos e aos quais nos filiamos que advém a estruturação, desde a qual um bebê ou uma pequena criança podem desfrutar da autoria de uma realização; o resto são adaptações *vazias e compulsivas*.

Por isso o tempo que se perde fazendo aviãozinho para um bebê na hora da papinha, fazendo cosquinha em seu pé na hora da troca, fazendo dobraduras de papel quando se está no restaurante ou cadê-achou quando se está em uma sala de espera, a cantiga que se canta juntinho na hora de dormir ou o pega-pega que se faz na pracinha não são tempo perdido, são tempo ganho para além de qualquer pragmatismo adaptativo imediatista, pois colocam o bebê em relação com os outros que lhe transmitem as coordenadas simbólicas de filiação e pertença à cultura articuladas a um prazer que estrutura as suas funções. Ali o bebê não é objeto a ser submetido por obediência a uma técnica, mas convocado a participar desejosamente da relação com os outros, compartilhando e apropriando-se dos ideais.

Certamente, em tempos de intoxicações eletrônicas coletivas, resulta artifício fácil para todos deixar-nos levar pela compulsividade de imagens que emanam do celular, bem como deixar um bebê na frente do *tablet* para suspender suas demandas, principalmente quando quem dele cuida está isolado e solitário, como tem acontecido com tantas mães e bebês, em um momento social caracterizado pelo rompimento da sustentação coletiva do cuidado uns com os outros, seja de familiares, vizinhos ou amigos com os quais seria possível compartilhar e representar

os acontecimentos da vida dentro da imperfeição inerente aos laços humanos, aquém e além de virtualidades perfeitamente performáticas.

É claro que isso dá muito trabalho! Criar uma criança talvez seja o maior trabalho da vida. Mas, quando inventamos uma cantiga para atravessar a cólica ou evocamos um versinho de proteção para poder dormir, o bebê nos faz um grande favor: tira-nos de nossas fixações já estabelecidas no mundo adulto, levando-nos a revisitar outros tempos, retomando pela via da recordação ou relançando pela via da invenção as inscrições primordiais que estavam adormecidas em nós.

Lembrei aqui de um versinho que a avó de minha mãe dizia para ela, que depois ela disse para mim e que eu também acabei por dizer aos meus filhos, certa noite em que, na hora de pô-los para dormir, emergiram da minha memória depois de tanto tempo guardados:

> Quatro patinhas tem a tua cama,
> Quatro anjinhos guardam a tua alma.

Enquanto esses versos eram enunciados, as palavras eram acompanhadas por um gesto da mão que percorria os quatro cantos da cama, produzindo uma borda imaginária no espaço desde a qual era possível sentir-se simbolicamente sustentado na palavra do outro, podendo então sair do controle da consciência e entregar-se ao sono, deixando o corpo repousar dentro desse retângulo de proteção.

São esses pequenos gestos, que a princípio parecem tão primários e banais, inúteis perdas de tempo, que assumem uma importância primordial no transcurso da vida.

### Referências

BETTELHEIM, B. *La fortaleza vacia* [1967]. Barcelona: Editorial Laia, 1972.

FREUD, S. Três ensaios sobre a teoria da sexualidade [1905]. *In: Um caso de histeria, Três ensaios sobre a sexualidade e outros trabalhos (1901-1905)*. Rio de Janeiro: Imago, 1977. p. 129-250. (Edição Standard Brasileira das Obras Psicológicas Completas de Sigmund Freud, VII).

LACAN, J. Subversión del sujeto y dialéctica del deseo en el inconsciente freudiano [1960]. *In: Escritos 2*. 24. ed. Buenos Aires: Siglo Veintiuno, 1985. p. 773-807.

JERUSALINSKY, J. *A criação da criança: brincar, gozo e fala entre a mãe e o bebê.* Salvador: Ágalma, 2011.

JERUSALINSKY, J. *Enquanto o futuro não vem: a psicanálise na clínica interdisciplinar com bebês.* Salvador: Ágalma, 2002.

VELOSO, C. Oração ao tempo. *In: Cinema transcendental,* 1979.

# Prematuridade

● *Ethel Cukierkorn Battikha*

### Excessos prematuros: o que se antecipa diante da prematuridade?

O nascimento de um bebê, ordinariamente, revela-se como uma aposta antecipatória no futuro; geralmente, observa-se a mãe orgulhosa pelo bebê que nasceu o mais lindo de todos, saudável, gordinho e a termo. Seu olhar é de admiração, o bebê é seu cetro, e ela, sua majestade, a mãe. Muitas são as projeções quanto ao que esse filho poderá vir a ser, com quem se parece ou parecerá na família. Quando olham para o seu bebê, não veem um corpo orgânico, mas um bebê que é recoberto com um manto de expectativas e atributos.

Esse nascimento representa tanto o futuro da linhagem parental quanto o sustentar da continuidade e da imortalidade da humanidade e, simbolicamente, a transcendência de cada um dos sujeitos singulares envolvidos nesse nascimento, pais, familiares e profissionais. Dessa forma, é marcado por muitas comemorações compartilhadas, o chá de bebê, o enxoval, as lembrancinhas para a maternidade, as visitas, os "parabéns", as mensagens de boas-vindas, desejo de saúde, como se todos reconhecessem nesse ato a sua própria preservação, um contínuo e renovado triunfo sobre a morte (BATTIKHA; KOPELMAN; FARIA, 2007; BATTIKHA, 2017).

Como refere Bleichmar (2005), a relação originária com o adulto significativo o faz responsável não só pela sobrevivência da cria humana, mas também pela comoção profunda que o leva a tentar evitar-lhe

qualquer sofrimento. Esse amor, efeito do narcisismo transvazante dos pais, em sua função de ligação, é essencial para a constituição desse bebê como sujeito psíquico. Falhas dessa função narcisizante podem vir a produzir falhas na estruturação do psiquismo da criança. Ressalta que, do lado do narcisismo, a mãe vê o filho como um todo e ama nele algo que ele ainda não é e que, de maneira geral, nunca será.

Freud ([1914] 1976), em seu artigo sobre o narcisismo, refere que, diante do nascimento de um filho, os pais mostram-se inclinados a suspender, em favor da criança, o funcionamento de todas as aquisições culturais que seu próprio narcisismo foi forçado a respeitar. A doença, a morte, a renúncia ao prazer, restrições à sua vontade própria não a atingirão; as leis da natureza e da sociedade serão ab-rogadas em seu favor. Os pais não têm filhos para que morram ou sofram, não há nome para a perda de um filho; quando perdemos nossos pais, ficamos órfãos, e quando um filho morre?

E quando do nascimento de um bebê prematuro, que impõe o risco tanto de morte quanto de sequelas? O nascimento com idade gestacional inferior a 37 semanas é o que define a prematuridade. De acordo com a idade gestacional, é considerado: < 28 semanas: prematuro extremo; 28 a 31 6/7: muito prematuro; 32 a 33 6/7: prematuro moderado; e 34 a 36 6/7: prematuro tardio. De acordo com o peso ao nascer: < 1.000 g: extremo baixo peso; < 1.500 g: muito baixo peso; e < 2.500 g: baixo peso.

Entre os fatores associados aos partos prematuros destacam-se as causas maternas, gestacionais, fetais, ausência ou qualidade do pré-natal, bem como ausência de causa aparente. Há um maior índice de mortalidade entre os prematuros extremos e muito prematuros, assim como entre os bebês com peso ao nascer inferior a 1.000 g e 1.500 g. Inúmeras são as intercorrências associadas à prematuridade e ao baixo peso no período neonatal: asfixia perinatal, síndrome do desconforto respiratório, displasia broncopulmonar, persistência do canal arterial, hipoglicemia, hipocalcemia, sepse, meningite, enterocolite necrosante, hemorragia peri-intraventricular, síndrome convulsiva, retinopatia da prematuridade, entre outras. A prematuridade e o baixo peso implicam internações na Unidade de Terapia Intensiva Neonatal (UTIN).

Quanto às possíveis alterações associadas ao desenvolvimento na infância, são referidas na literatura médica, entre outras, déficit motor, paralisia cerebral, déficit cognitivo, visual e auditivo, e atraso de linguagem. A frequência de alterações do desenvolvimento em prematuros é inversamente proporcional à idade gestacional, conforme descrito na literatura (MERCIER *et al.*, 2012; FERNANDES *et al.*, 2012; CHEONG *et al.*, 2020).

A UTIN expõe muitos excessos traumáticos. Os pais são lembrados da dor, da doença e morte, onde não deveriam estar, no nascimento. O bebê saudável, que nasce a termo, confirma narcisicamente sua mãe e o triunfo compartilhado socialmente, diante dos limites, das interdições e da morte aos quais todos estamos sujeitos. Sabemos da profunda comoção que os bebês nos causam, como ficamos encantados diante dessas maravilhas.

Algumas experiências nos flagram e nos destituem de nossas garantias ilusórias, trazendo para o primeiro plano o temor e o terror, a doença e a morte. Um bebê que nasce prematuro extremo nos pega cedo demais, fora de hora e de lugar. O temor à morte, bem como o temor de doenças, é inerente a todos nós, e o desejo por um filho perpassa a ilusão de imortalidade e completude.

O nascimento de um bebê prematuro, de risco e em risco, confronta-nos novamente com os limites inerentes à condição humana, prematuramente somos jogados na desilusão, deparamo-nos com situações extremas ligadas ao limite tênue entre a vida e a morte, ao desamparo, mobilizadoras de angústias que evocam vivências primitivas. A morte se revela um estranho sinistro que nos é familiar. Conforme emerge no artigo de Freud ([1919] 1976), o estranho é aquela categoria do assustador que remete ao que é conhecido e há muito familiar, algo que deveria ter permanecido oculto, mas que se mostrou presente, revelando ao nosso narcisismo estarrecido sua própria fragilidade. Quais são os mecanismos sociais para a contenção dessas incertezas?

Inúmeros são os excessos traumáticos dos pais diante desse acontecimento imprevisto e realizado, um fluxo intenso de excitação psíquica não metabolizável. A mãe sairá da maternidade e o bebê irá permanecer um tempo prolongado, agora, no hospital, na UTIN. O lugar de acolhimento inicialmente será uma incubadora, cuidado por uma

equipe de profissionais, não familiares, mas que ocuparão o lugar de uma parentalidade provisória.

Essa mãe, recorrentemente, sente-se incompetente, culpada pelo parto prematuro, mobilizando angústias e sofrimentos, o que pode levá-la a interpretar os olhares da equipe como acusatórios. Pode se sentir sem lugar na maternagem de seu bebê e extremamente angustiada por não poder lhe evitar sofrimento e dor nas tantas ações e intervenções necessárias para a preservação da sua vida. Até então, projetava-lhe um futuro de felicidades incondicionais. Como refere Bleichmar (2005), na relação originária com a criança, o adulto é convocado, fazendo-se responsável não só pela sobrevivência do bebê, mas também por tentar evitar-lhe qualquer sofrimento, não só físico, mas também moral.

Há ainda a dificuldade de reconhecer e inscrever as manifestações do bebê como dirigidas a ela e em reposta ao seu investimento amoroso. O olhar que se faz para esse bebê tantas vezes se dirige para o funcionamento do corpo, a saturação, o desconforto respiratório, os parâmetros, as intercorrências, as intervenções, os procedimentos, o ganho de peso, tudo se faz urgente. O corpo que precisa funcionar, superar para continuar vivo. Há o risco de esse real cair e não poder ser articulado em constelações simbólicas. Esse bebê/corpo é extremamente manipulado, claro que pelo desejo de vida, mas muitas vezes não é falado, inscrito simbolicamente como pertencente a esse bebê: de quem é esse corpo e quais olhares incidem sobre ele? (Battikha, 2017).

O temor às sequelas implica um angustiante estado de suspensão, de suspeita, o que denomino como "a criança no limbo". Quais as possíveis implicações desse aguardar, dessa anunciação no olhar da mãe para esse bebê, como será significada essa espera, e que efeitos poderão ter na e para a constituição do vínculo mãe-bebê? As suspeitas, antecipações, que podem recair sobre o desenvolvimento do bebê, apesar da sua não confirmação, podem ter um efeito autorrealizável, implicando uma antecipação de fracasso (Battikha et al., 2007; Jerusalinsky, 2001; Klaus; Kennel, 1992).

Como recobrir esse corpo de representações simbólicas? Frequentemente se diz dessas crianças, mesmo anos após seu nascimento: ele é prematuro. Ele foi ou é? Tempo do "impassável", que aponta uma

suspeita mantida? Podemos pensar nos riscos psíquicos no olhar de dúvida que pode permanecer e na espera infindável de superação. A questão para além desse corpo afetado ou não, marcado por uma limitação física e/ou mental, remete à constituição psíquica, portanto, às marcas fundantes da subjetividade desse sujeito. Diferentemente da lesão, refiro-me ao lugar simbólico e aos riscos implicados para a criança tomada como um corpo a ser investigado e/ou em suspensão.

Esse bebê é confrontado com diversos excessos quando ainda não pode significá-los, antes que haja um sujeito constituído que possa ligar simbolicamente esse vivido. Os ruídos na unidade e dentro da incubadora, os alarmes dos aparelhos, a luminosidade, interrupções do sono, manipulações, intervenções invasivas, dolorosas, implicam desorganização e respostas reativas do bebê.

Guinsburg (2011) refere que, de acordo com a Associação Internacional para o Estudo da dor (IASP, 1979), a dor é definida como uma experiência sensorial e emocional desagradável, associada a uma lesão tecidual real, potencial ou descritas nos termos da lesão. A dor é sempre subjetiva, o que indica a necessidade da sua verbalização para que possa vir a ser reconhecida pelo outro. O recém-nascido não fala, e reconhecer e aliviar a sua dor é um grande desafio: "Nessa corda bamba, profissionais de saúde e familiares, tendo como sujeito e objeto de seu olhar aquele bebê, se equilibram em um fio tênue para tradução do intraduzível – o que aquela criança está sentindo?" (GUINSBURG, 2011, p. 66).

O bebê, passivo dessas intervenções, não tem autonomia para exprimir os seus desejos e se torna, em vez de sujeito, objeto da atuação de todos os adultos envolvidos no seu cuidado. Cuidado que se dá em um ambiente cheio de luzes dia e noite, sons e números que emanam de monitores que piscam e alarmam para olhos e ouvidos, diz a autora. "Os respiradores entram pela traqueia ou narizes dos bebês, líquidos penetram pelas veias, agulhas, escalpes e cateteres se grudam ao corpo dos pacientes e o sangue é retirado para exames ou, eventualmente, infundido. É nesse ambiente em que os bebês trilham o percurso de sua iniciação à vida…" (GUINSBURG, 2011, p. 66). Ressalta a indisponibilidade visual e auditiva, apresentada pelo neonato após sofrer estímulo doloroso, para o contato com a mãe, e a questão de esses estímulos

provavelmente transformarem a natureza da experiência da dor e a sua expressão mais tarde na infância e vida adulta.

A avaliação e o tratamento da dor em neonatos que necessitam de cuidados intensivos fazem-se fundamentais; no entanto, o emprego de medidas para o alívio da dor frente aos procedimentos dolorosos aplicados ao recém-nascido ainda é raro. Guinsburg ressalta as dificuldades para o seu diagnóstico e aponta para o fato de o neonato apresentar um modo característico e específico de responder à dor. Faz-se de extrema importância o reconhecimento dessa linguagem para a avaliação adequada e o tratamento efetivo. A análise de seu choro, a atividade motora, a movimentação da face, o estado de vigília e sono podem ser empregados como um instrumento específico e sensível para avaliar a dor no recém-nascido (BALDA; GUINSBURG, 2018). A falta do reconhecimento da dor no período neonatal, especialmente nos recém-nascidos submetidos a múltiplos procedimentos invasivos, pode resultar em sofrimento desnecessário.

Retomando minha questão, de que forma esses restos de tantos excessos, que têm uma materialidade da ordem do sensorial, faz marcas no tecido de um psiquismo ainda não constituído, que não pode ligar a uma rede associativa ou significar o vivido? Como subjetivar a dor e o corpo do recém-nascido? Quem pode se encarregar dessa tradução, desse *quantum* traumático, que não logra metabolizar-se, e de que forma irão aparecer mais tarde na vida e na clínica psicanalítica com essas crianças, em seu tecido simbólico? Penso que, nessa intersecção entre o tecido orgânico e o tecido psíquico, possam ocorrer muitas teceduras.

### Em tempos de constituições: teceduras

A partir de tantas perdas traumáticas, os pais precisarão lidar com os excessos psíquicos e investir novas possibilidades de ordenamento e historicização desse "outro" filho, como em um mapeamento em que o afeto vai podendo ser ligado. O traumático define-se, exatamente, por seu caráter de excesso, e cada psiquismo tem um umbral de tolerância ao traumático. Em alguns casos, o grande problema é que o traumático não produz possibilidade de simbolização e recomposição. Com dito

elemento do real, o que o psiquismo faz é buscar metabolizar, transformar esse excesso. Para tal, terá de ser ligado em uma rede associativa significativa possível (BLEICHMAR, 2010).

Os pais precisam ordenar esses excessos para poderem investir seu bebê e oferecer-lhe vias de simbolização e, para tal, terão de ser sustentados pela equipe de assistência e escutados na sua singularidade. Nesse sentido, faz-se de extrema importância a rede de sustentação que se cria entre os "pais da UTIN", que compartilham angústias, expectativas, frustrações e gratificações, produzindo narrativas coletivas para a permanência na unidade. Na primeira vez que entrei na UTIN, observei que os pais levavam bichinhos e orações e os colocavam na parte de cima das incubadoras, até então todas iguais, tornando-as dessa forma singulares.

Eles recebem muitas informações sobre o estado do bebê, são apresentados a um universo novo, estrangeiro, de nomenclaturas, aparelhos, índices de saturação, possíveis intercorrências, possíveis sequelas. A procura por um conhecimento mais técnico e específico pode representar uma busca de proximidade em relação ao filho, diante do desamparo que o não saber provoca; os pais podem ainda, diante da perda do bebê sadio imaginado, assumir um lugar de cuidadores da "criança_corpo_doente", tornando-se conhecedores dos exames, dos diagnósticos, dos procedimentos etc., que podem vir a reduzir a criança a nada mais que seu puro limite real.

Os pais são confrontados com diferentes intercorrências, uma perda de peso, uma intubação, uma queda de saturação importante, para depois enfrentarem outras questões, tal como o seu bebê, que tem de superar uma dificuldade para depois superar outra e mais outra. A UTIN é um lugar de ações, de urgências, que deflagra afetos em abundância que, no entanto, são pobres em pensamento no tempo em que acontecem. As angústias excessivas suscitadas, sem nomeação, não podem produzir trabalho psíquico, portanto, precisam ser faladas, significadas, ligadas psiquicamente, tecendo-se com cada fio uma manta simbólica sobre as representações desarticuladas e fraturadas. Trata-se, portanto, da recomposição subjetiva dos pais e consequentemente subjetivante para o seu bebê.

A UTIN é marcada por muitos desamparos, angústias, sofrimentos, lutos e silêncios que necessitam de ancoragens psíquicas. As ações urgentes no início da vida de um bebê de risco são diversas, para além das intervenções e dos cuidados clínicos e/ou cirúrgicos necessários à garantia da vida. Torna-se fundamental atentar para o sofrimento psíquico dos pais e sua implicação na constituição do vínculo com seu filho (Battikha, 2019).

Os neonatologistas relatam que, frequentemente, após fazerem a comunicação de um diagnóstico ou prognóstico grave, a mãe pergunta quanto o bebê engordou, cresceu, sobre o cabelinho, ou quando ele vai sair de alta para casa, o que repetidas vezes é interpretado como dificuldade de compreensão formal, ou como defesa. Após a comunicação do médico, a mãe pode falar do cabelinho e do peso como um investimento no seu bebê. Podemos, sim, pensar que se trata do uso de mecanismos defensivos, bem como podemos supor tratar-se do narcisismo transvazante, assim como qualquer mãe que diz ser o seu bebê o mais lindo do mundo. Da mesma forma, quando o médico faz a comunicação diagnóstica, e a mãe fala que a mãozinha do bebê é bonitinha, que lembra a do pai, o médico pode confirmar e dizer que sim, que é muito bonitinha, sustentando assim o investimento materno no bebê, ou retornar à explicação do diagnóstico, supondo que a mãe não entendeu a gravidade.

Após os pais falarem do sorriso no canto da boca do seu bebê ou dizerem que seu olhar é de desconforto, apesar dos parâmetros estáveis, de que quando seu bebê puxa os fios do cateter é porque está mostrando como é corajoso e briguento, faz-se necessário que a equipe possa dar sustentação à potência parental na narcisização transvazante desse bebê, seu filho (Battikha; Carvalho; Kopelman, 2014).

O olhar dos pais, o tocar, o acariciar, embalar com a voz, dando contorno narcisizante para esse bebê, remete ao olhar não funcional no real do corpo; para aquele que constrói uma narrativa para seu filho. O que me remete a uma mãe que fazia um diário no qual anotava todas as evoluções ou involuções do quadro de seu bebê, com um rigor descritivo que a aproximava de um discurso médico. No entanto, quando pôde falar sobre seus temores e suas fantasias, a partir de uma escuta analítica, começou a fazer um álbum com sua própria construção narrativa para

seu filho. Contava, agora orgulhosa, que ele beliscava quando não gostava da posição em que era colocado. Vejam os desdobramentos dessa fala, a posição do corpo e do sujeito psíquico, que já não aceita ser colocado na posição anterior. Não se trata mais, aos olhos dessa mãe, de um corpo descritivo e funcional, mas de seu bebê filiado, fundamental e fundante para que essa criança possa vir a constituir seu espaço narrativo, de um corpo subjetivado, animado e pulsante (BATTIKHA, 2019).

## A historicização da história

O choro é considerado como o método primário de comunicação do neonato por mobilizar o adulto, seja ele a mãe ou algum profissional envolvido em seu cuidado (BALDA; GUINSBURG, 2018). Como refere Bleichmar (2005), o adulto, com capacidade de se voltar para outro ser, narcisismo transvazante, transforma o transbordamento do choro em mensagem, como um chamado; é a ele que cabe a tradução que liga o excesso.

Beatriz (nome fictício) nasceu prematura extrema e pequena para a idade gestacional, permanecendo um longo período na UTIN. Passou por muitas intercorrências e cirurgias, e, por diversas vezes, quase morreu. Isabela (nome fictício), a mãe, conta que só esperou para ver se ela choraria, como uma confirmação de que estava viva: "e o mais incrível é que ela nasceu e chorou. Era um gatinho miando, mas chorou".

Demorou muito tempo para que pudessem pegá-la, os cuidados eram extremos, intubada não podia chorar. Isabela conta que Beatriz tinha um olhar muito expressivo, que a avistava da incubadora, de longe, que quando foi fazer a cirurgia do coração a olhou de uma forma como que indagando: "'Para onde estou indo?'. Eu entendi aquilo, tínhamos uma conexão... Uma vez eu vi que ela não estava bem, falei com o médico e ele: está bom! Horas depois ela piorou... Depois disso, sempre que eu chegava, a equipe perguntava: e aí como ela te olhou hoje?".

Essencial como a mãe toma como endereçado a ela o olhar de Beatriz e o significa, inscreve-o, mantendo seu lugar como único na maternagem de sua filha. Beatriz permaneceu quase um ano na UTIN e até os 3 anos em cuidados intensos, ocupada em poder respirar sozinha.

Beatriz me foi encaminhada para análise quando tinha aproximadamente 6 anos pela psicóloga da escola, que estava especialmente preocupada com o processo de despedida da escola atual, com as repetidas vezes que Beatriz abria a porta da sala de aula correndo para o pátio e com sua grande dificuldade para admitir suas conquistas ou mostrar suas produções.

Farei um pequeno recorte desse processo que durou quatro anos, tendo como eixos condutores a questão do trauma como situação ainda presente, o narcisismo transvazante pilar das intervenções analíticas em sua função de neogênese e a questão fundamental do diagnóstico. No início do processo analítico, Beatriz mostrava uma excitação e uma agitação transbordantes, parecia não estar contida no próprio corpo, situava-se no tempo e no espaço com dificuldade. Percebia inicialmente certa passividade na forma como "entregava seu corpo" em grande desamparo. Transitava entre a realidade e a fantasia, às vezes muito desorganizada.

Na primeira sessão pegou a argila na sua caixa, que dizia ser pesada e suja, e fez buracos com o lápis. Buracos como marcas das intervenções e como as marcas que deixam indícios traumáticos em um psiquismo ainda a ser constituído? Penso como simbolicamente esse bloco de argila teria de ganhar no processo de sua análise uma forma na apropriação de Beatriz desse material, o que possibilita muitas diferentes constituições.

Isso nos remete a problematizar as dificuldades de Beatriz e a posição ética que nos implica como analistas. Seriam as dificuldades de Beatriz diretamente decorrentes de sua prematuridade extrema e/ou de déficits na sua constituição psíquica? Decorre daí a importância do diagnóstico e a questão: o que nos cabe como analistas? Entendo como função analítica a historicização da história de Beatriz, que as marcas que são repetidas sem recursos simbólicos, que aparecem com e na corporeidade, possam ser ligadas e apropriadas por ela em uma narrativa própria.

Beatriz tinha uma grande intolerância aos sons altos, não suportava ser elogiada, escondendo suas aquisições e produções. Reconheci aí, e em tantas outras questões, algo que insistia e que precisava ser ligado numa rede simbólica possível, e fui criando, inventando, a partir do que tomei como indícios, uma narrativa com ela para o que foi vivido e que aparecia dessa forma desligada. Ela foi podendo fazer perguntas,

falar de como não podia sair do hospital, da incubadora como lugar fechado, da separação da mãe, da dificuldade para respirar sozinha e dos barulhos.

Reconheci sua necessidade por um espaço de descanso para poder ser, de continuidade, e uma grande angústia por se sentir sempre fora do tempo esperado. Repetidas vezes, Beatriz saiu correndo de espaços fechados, desesperou-se diante de barulhos altos e comemorações de suas conquistas. Superar e superar, respirar ou morrer! Sem lugar para errar, para fracassar. Brincamos muito, para quê? Para abrir um espaço onde não se sentisse exigida, tendo de corresponder à expectativa de superação, onde pudesse estar sem ser avaliada, agora em um tempo que não o da urgência.

Na nova escola criou-se um grande impasse. Beatriz saía correndo da sala de aula para o pátio, passando longo período fora da sala, o que era entendido como recusa a se submeter aos limites, e que eu, diferentemente, interpretava como uma afirmação do seu eu em constituição. Dessa forma a oposição aparecia como uma positividade.

Fomos juntas significando o sair correndo, o sentir-se presa e submetida, e dessa forma as caixas foram sendo abertas. Nesse momento, Beatriz desenhou uma incubadora e a nomeou, passando a ter uma percepção das suas dificuldades motoras e podendo falar disso. Há algo que restará e que não será superado do ponto de vista orgânico, mas que poderá ser apropriado e significado simbolicamente por ela. Conta que quando estava no hospital ficava desesperada, que chorava, que era a criança mais chorona do mundo! Escreve na lousa, mostrando suas produções, mostra-me um vídeo no celular e vejo sua alta velocidade ao teclar e ler. Beatriz conta que havia ganhado uma caixinha com um pequeno gato de brinquedo (lembremos que seu choro ao nascer parecia, para a mãe, o miado de um gatinho), traz e diz ser o gato Fígaro (o gato de *Pinóquio*, escrito por Carlo Collodi, que narra a história do boneco de madeira que é transformado em gente pelo amor, desejo e investimento de Geppetto).

Trata-se, nesse processo, de tecer um enlace no tecido esgarçado, para que não permaneça no transbordamento, sem estatuto; ligar o que se faz insistir, e, para tal, torna-se preciso rastrear esses restos, para que

possam ser ressignificados. Necessário que se possa construir o percurso, que não se reduz a encontrar o que já estava lá, e sim produzir elementos novos de recomposição e de articulação, inaugurando um processo de neogênese (BLEICHMAR, 2005).

## Muito cedo ou muito tarde?

O nascimento que se dá no tempo do não esperado e que, como marcado ao longo deste artigo, faz com que irrompam excessos traumáticos, se não forem trabalhados, poderá vir a se constituir como um vaticínio, uma predição de que muito cedo é tarde demais. O processo de metabolização psíquica indica a possibilidade de representar, fazer elos, portanto, decompor e recompor o acontecimento psíquico na tentativa de elaboração.

Como nos diz Bleichmar (2010), se o sujeito não metaboliza o traumático, produzem-se modalidades de cicatrizes queloides, cicatrizes que insensibilizam ou diminuem a produtividade de uma parte da vida psíquica, podendo levar a um funcionamento rígido, empobrecido, no limite da funcionalidade.

A história dessas crianças está se constituindo, e vários poderão ser os desdobramentos a partir do posicionamento subjetivo dos pais, bem como do posicionamento dos profissionais envolvidos no atendimento na UTIN. Tomam parte, dessa forma, trabalhos interdisciplinares que possam sustentar um espaço psíquico, que não pode ser tamponado pelo diagnóstico, tampouco pelo temor a possíveis sequelas, e que remete à potência parental.

Esses bebês e suas famílias vivem um tempo prolongado na UTIN e precisam ser reconhecidos em sua singularidade. Entre a história e a historicização, do bebê e da prematuridade, lugar que comporta inúmeras possibilidades de significação, podemos pensar nos riscos psíquicos no olhar de dúvida que insiste, aprisionando o bebê e sua família em um lugar fechado, sem movimento, no tempo do impassável.

Entendo que a especificidade do trabalho de escuta analítica, seja dos pais na UTIN, seja da criança que mais tarde chega à análise, convoca-nos eticamente a atuar em tempos constitutivos, propiciando, a tempo, novas produções, construções e ordenamentos.

# Referências

BALDA, R. C. X.; GUINSBURG, R. A linguagem da dor no recém-nascido. Documento Científico do Departamento de Neonatologia Sociedade brasileira de Pediatria. Atualizado em dezembro de 2018. Disponível em: https://bit.ly/3xHIbuT. Acesso em: 25 abr. 2021.

BATTIKHA, E. C. *A comunicação do diagnóstico na UTI Neonatal: médicos e pacientes: assimetrias e simetrias.* São Paulo: Escuta, 2017.

BATTIKHA, E. C. A unidade de terapia intensiva neonatal e suas repercussões na constituição psíquica do bebê. *In*: BATISTA, J. S.; GUIDUGLI, S. N. (Orgs.). *Psicologia da saúde e clínica: conexões necessárias.* Curitiba: Appris, 2019. p. 81-93.

BATTIKHA, E. C.; CARVALHO, M. T. M.; KOPELMAN, B. I. A formação do neonatologista e os paradigmas implicados na relação com os pais na Unidade de Terapia Intensiva Neonatal. *Revista Paulista de Pediatria,*v. 32, n. 1, p. 11-16, 2014.

BATTIKHA, E. C.; KOPELMAN, B. I.; FARIA, M. C. C. As representações maternas acerca do bebê que nasce com doenças orgânicas graves. *Psicologia: Teoria e Pesquisa,* v. 23, n. 1, p. 17-24, 2007.

BLEICHMAR, S. *Clínica psicanalítica e neogênese.* São Paulo: Annablume, 2005.

BLEICHMAR, S. *Psicoanálisis extramuros: puesta a prueba frente a lo traumático.* Buenos Aires: Entreideas, 2010.

CHEONG, J. L. Y.; BURNET, A. C.; TREYVAUD, K.; SPITTLE, A. J. Early Environment and Long-term Outcomes of Preterm Infants. *Journal of Neural Transmission,* v. 127, n. 1, p. 1-8, 2020.

FERNANDES, L. V.; GOULART, A. L.; SANTOS, A. M. N.; BARROS, M. C. M.; GUERRA, C. C.; KOPELMAN, B. I. Neurodevelopmental Assessment of Very Low Birth Weight Preterm Infants at Corrected Age of 18-24 Months by Bayley iii scales. *Jornal de Pediatria,* v. 88, n. 6, p. 471-478, 2012.

FREUD, S. O estranho [1919]. *In*: *Uma neurose infantil e outros trabalhos (1917-1918).* Rio de Janeiro: Imago, 1976. p. 273-318. (Edição Standard Brasileira das Obras Psicológicas Completas de Sigmund Freud, XVII).

FREUD, S. Sobre o narcisismo: uma introdução [1914]. *In*: *A História do Movimento Psicanalítico (1914-1916).* Rio de Janeiro: Imago, 1976. p. 85-135. (Edição Standard Brasileira das Obras Psicológicas Completas de Sigmund Freud, XIV).

GUINSBURG, R. Arte e ciência na UTI neonatal: avaliação e tratamento da dor. *Revista Brasileira de Psicanálise,* v. 45, n. 4, dez. 2011.

INTERNATIONAL ASSOCIATION FOR THE STUDY OF PAIN (IASP). Pain Terms: A List with Definitions and Notes on Usage. Recommended by the IASP Subcommittee on Taxonomy. *Pain,* v. 6, n. 3, p. 249, Jun. 1979.

JERUSALINSKY, J. Quando o que se antecipa é o fracasso… Prevenção secundária e estimulação precoce. *In*: CAMAROTTI, M. C. (Org.). *Atendimento ao bebê: uma abordagem interdisciplinar.* São Paulo: Casa do Psicólogo, 2001. p. 35-42.

KLAUS, M.; KENNEL, J. *Pais/bebê: a formação do apego*. Porto Alegre: Artes Médicas, 1992.

MERCIER, C. E.; DUNN, M. S.; FERRELLI, K. R.; HOWARD, D. B.; SOLL, R. F.; VERMONT OXFORD NETWORK ELBW INFANT FOLLOW-UP STUDY GROUP. Neurodevelopmental Outcome of Extremely Low Birth Weight Infants from the Vermont Oxford Network: 1998-2003. *Neonatology*, v. 97, n. 4, p. 329-338, June 2010.

# Desejo, amor e sexo na adolescência

● *Renata Petri*

Otis, antes de sair do quarto, arruma cuidadosamente lenços de papel amassados e lambuzados de hidratante e uma revista aberta com fotos de mulheres seminuas em cima de sua cama. A mãe, que sempre o incentiva a falar e agir nos assuntos sexuais, percebe a armação e pergunta se ele gostaria de conversar. "Mãe, não consigo me masturbar, mas não quero falar sobre isso com você, vou lidar sozinho."

Adam não consegue sustentar uma ereção e gozar quando transa com a namorada. Diante da insatisfação dela, decide tomar três viagras que encontra nas coisas do seu pai e a chama para um encontro. Ela o rejeita e ele vai se esconder no banheiro do colégio, com uma ereção gigante que ele é incapaz de fazer ceder. Quando Otis entra no banheiro, Adam pede ajuda. Na conversa, conta para o colega que não consegue gozar quando transa, pois fica muito tenso, com receio de que seja ruim, e com um pensamento perturbador sobre o que aconteceria se o pai entrasse quando ele fosse gozar e visse sua cara de gozo. O pai é também o diretor da escola onde esses jovens estudam, e isso igualmente o perturba, parece que todos o observam o tempo todo. Otis, apesar de suas dificuldades consigo mesmo, é um garoto que sabe escutar o outro, e diz para Adam que ele precisa tomar sua vida nas próprias mãos, não se deixar controlar pelo que supõe que os outros possam pensar a seu respeito, afinal, ele sabe melhor que ninguém sobre si mesmo. Essas palavras têm o poder de liberar Adam,

que, de forma um tanto espalhafatosa, assume ser quem é diante dos colegas do colégio e, ao se reencontrar com a namorada, desfruta do gozo sexual.

Essas duas cenas, que fazem parte de uma série britânica de TV de grande sucesso chamada *Sex Education*, colocam em evidência dois desafios fundamentais que o jovem precisará enfrentar com a chegada da puberdade e que se articulam de maneira bastante delicada: a iniciação sexual e a separação em relação aos pais. Esse é o tempo da vida em que se faz uma transição entre o laço familiar e o social; e a sexualidade, que já está presente desde sempre, passa a exceder o familiar. O que está em jogo nessa transição? Quais são as condições necessárias para o atravessamento desse tempo tão turbulento? Qual o papel dos adultos da geração anterior na oferta e sustentação dessas condições? Os dramas vividos pelos personagens da ficção contemporânea *Sex Education* nos servirão de guia para trilhar esses caminhos.

Ao passo que a puberdade é um acontecimento no corpo que acomete todas as crianças em certo momento da sua vida, a adolescência pode ser definida como a resposta subjetiva à puberdade, singular a cada sujeito, plural na sua manifestação. A construção dessa resposta depende da articulação de vários termos, de certa forma indissociáveis, mas não homogêneos, por isso importa diferenciá-los, tais como: a subjetividade construída na infância, a partir da transmissão familiar de um lugar possível para a criança e da resposta armada pelo sujeito; os discursos produzidos em cada época, que veiculam os ideais dirigidos aos ditos adolescentes; o contexto político, histórico-social e cultural, que impacta a oferta de operadores simbólicos que servem de pontes para essa travessia. Nesse sentido, não haveria adolescência, mas adolescentes!

Assim, cada adolescente na sua singularidade, diante da ausência de métodos eficazes sobre como ser um adulto sexuado, vai inventar sua resposta. Essa falta de saber sobre o que fazer para adentrar o mundo dos adultos é a um só tempo atraente e angustiante. Para enfrentar esse desafio, os adolescentes contarão com o próprio desejo como bússola, para orientá-los nas escolhas, para encontrarem termos próprios para se dizerem e, também, um modo possível de satisfação, de preferência,

não destrutivo e minimamente compatível com a época em que vivem. Tarefa nada simples! Vejamos como esses elementos podem se apresentar e articular.

A psicanálise é responsável por introduzir na cultura a centralidade da sexualidade na condição humana. Sexualidade, corpo e linguagem são indissociáveis desde sempre na experiência humana, ainda que a articulação entre eles sofra transformações ao longo dos diferentes tempos da vida, apresentando particularidades. O conceito psicanalítico que pretende apreender essa realidade humana é o conceito de pulsão. Diferentemente do instinto animal, que tem uma programação já inscrita na herança genética, a pulsão é uma montagem que se faz a partir do laço com o Outro;[1] o filhote humano não nasce sabendo, aprende com o Outro a falar, andar, amar, trabalhar. A pulsão articula corpo e linguagem, e essa incidência da palavra no corpo arma o circuito pulsional, transmuta organismo em corpo sexualizado, animado por uma força constante que o põe em movimento em busca de satisfação. Nesse sentido, a sexualidade é o exercício humano de busca da satisfação. No entanto, a satisfação pulsional é sempre parcial, o objeto procurado, fantasiado, nunca é o objeto encontrado, e é justamente essa diferença, essa hiância, que constitui o desejo, verdadeiro motor psíquico. E é na linguagem que o desejo se manifesta, ainda que as palavras sempre "deixem a desejar". Tomar o desejo como bússola nos indica sua importância como um instrumento de navegação para poder circular pelo mundo, mas também revela que nosso melhor instrumento carrega certa imprecisão intrínseca, sendo enigmático para o próprio sujeito. Essa imprecisão do desejo, somada à cambialidade e pluralidade de objetos, pode levar a caminhos mais ou menos tortuosos.

---

[1] "Lacan nos ensinou a dizer Outro com uma maiúscula para designar o lugar da estrutura da linguagem, com tudo o que ela implica, mas também o lugar da palavra de verdade, digamos, o Outro do discurso. Entretanto, são os outros sem maiúscula que dão voz e corpo a este Outro maiúsculo. É aí que o fator social entra em jogo e desempenha um papel na fabricação das diferenças individuais, conforme as diversas configurações das famílias, conforme os indivíduos que a compõem" (SOLER, 2018, p. 72).

O despertar sexual na infância se dá desde os primeiros cuidados da mãe com o bebê e atravessa todo esse tempo da vida. A chegada da puberdade é vivida como um acontecimento pulsional novo, trazendo mudanças importantes na percepção e na imagem corporal, extrapolando a experiência que podemos chamar de sexualidade infantil, autoerótica e sustentada de certa forma no corpo materno, e lançando o sujeito ao exercício do sexo e a assunção de uma identidade sexual. A puberdade se apresenta então como um segundo despertar sexual, desalojando a criança e lançando-a em um lugar desconhecido: a criança se descobre exilada de si, de seu corpo de criança, das palavras e da língua de infância (CÓRDOVA, 2018). Diante desse acontecimento pulsional turbulento e inédito, que se impõe ao sujeito, afetando de modo definitivo e irrevogável seu corpo, trazendo inúmeras transformações – como o aumento da genitália, o aparecimento do ciclo menstrual na menina, as primeiras ejaculações nos meninos, a mudança da voz, entre tantas outras –, o sujeito precisará lidar e inventar uma resposta, encontrando uma maneira de assumir o desejo que anima seu corpo. A tarefa adolescente implica então responder ao encontro do sujeito com o sexo, na dimensão não somente do encontro dos corpos, no ato sexual propriamente dito, mas também da assunção de uma posição subjetiva sexuada, uma identidade sexual independente da anatomia, que incidirá na sustentação de sua posição no mundo e no laço com os outros.

Lacan (2003), em uma das raras passagens em que aborda diretamente o tema da adolescência, afirma que o "fazer amor" dos jovens não é satisfatório, não somente para os jovens, mas para todos, uma vez que a sexualidade faz furo no real, ou seja, o jovem se confronta com um furo no saber, uma ausência completa de manual de como funciona, de mapa de localização, em um terreno em que os pais não servem de guias, seja porque também estão submetidos a essa impossibilidade, seja porque mesmo que pudessem transmitir algo de suas vivências sexuais, a sexualidade dos pais perturba terrivelmente os filhos. Notemos que a sexualidade dos filhos é também bastante perturbadora para os pais! Falar de sexo ou mesmo de orientação sexual, ambos fundamentais, não recobre o que é da ordem da experiência do encontro com o parceiro sexual. Qualquer preparação aqui é sempre incompleta e insuficiente,

não havendo maneiras de antecipar ou minimizar esse (des)encontro. O jovem vive uma decepção ao se deparar com o fato de que seus pais ou os adultos ao redor, que até então tiveram um papel fundamental de transmissão de como as coisas funcionam nesse mundo, agora falham em transmitir algo que realmente sirva como mapa para explorar essa terra estrangeira, uma vez que, embora a sexualidade seja o exercício da busca pelo prazer, faz furo no saber para todos.

Consenza (2018) faz uma leitura muito interessante sobre essas indicações de Lacan e propõe destacar três tempos lógicos em torno dos quais a iniciação sexual do adolescente se estrutura. O primeiro tempo seria o "tempo lógico do véu". Nesse momento é comum, e muito importante, que os jovens sonhem, fantasiem, "brisem", como dizem atualmente, em torno das questões do amor, do sexo e da morte. Essa produção onírica e fantasiosa faz a função de véu, parte importante desse trabalho psíquico de preparação para o encontro com o sexo, elevando a relação sexual ao estatuto de questão inconsciente, na qual o desejo está implicado, e que antecipa, cria condições e sustenta a iniciação sexual propriamente dita.

A ideia de véu é muito cara à psicanálise. Lacan afirma "que o véu levantado não mostre nada, eis o princípio da iniciação (sexual)". Ao cobrir, o véu deixa supor que há algo por trás. No entanto, por trás do véu que esconde o íntimo do sexo e do desejo, não há nada, ou melhor, há um vazio! O véu – como ídolo da ausência (LACAN, 1995) – faz o jogo de esconder e mostrar, funcionando como uma tela interposta entre o sujeito e a falta. O véu é consubstancial ao desejo! Um verdadeiro anteparo à angústia! Nesse sentido, fundamental na composição das boas condições para a iniciação sexual.

Importante ressaltar que o véu que esconde o íntimo do sexo e do desejo deve operar tanto para o jovem como para os adultos ao redor. Em *Sex Education*, o jovem Otis apresenta uma forte inibição em relação aos primeiros exercícios sexuais dessa fase (ereção, masturbação, ato sexual), e a série sugere que isso possa estar associado ao fato de sua mãe, sexóloga, fazer pouco uso do véu. Deixa o filho saber dos seus gozos intensos com os vários homens que dormem com ela no quarto ao lado, faz um programa de TV no qual, usando uma berinjela que

simula um pênis, ensina a homens e mulheres o prazer da masturbação, vídeo que algum colega gozador joga na tela da classe em uma aula em que o professor ensina o uso da camisinha. A sexualidade dos pais deve estar presente, afinal, o filho é fruto dela, mas velada!

A pornografia do século XXI, veiculada na internet em filmes e vídeos curtos, acessível de modo instantâneo para pessoas de qualquer idade com um aparelho celular nas mãos, pode dificultar a confecção do véu necessário à iniciação sexual na adolescência. A curiosidade a respeito do ato sexual está presente já na infância, a partir da pergunta da criança sobre as origens, que recai inicialmente sobre a relação sexual dos pais. Com a chegada da puberdade, essa curiosidade excede o familiar e se torna uma curiosidade de saber fazer, e, na ausência de informações mais mediadas, muitas vezes o adolescente recorre exclusivamente à pornografia. O encontro com o sexo explícito, os estereótipos de gênero, a apresentação de corpos "perfeitos" e de atos sexuais sempre bem-sucedidos e prazerosos para os envolvidos na cena é tomado pelo adolescente como realidade e não como ficção, podendo ocupar o lugar de ideal de beleza e de desempenho que, ao não ser atingido, traz inibições, constrangimentos e dificuldades de todas as ordens. O que pode ser estimulante para os já iniciados inibe e atrapalha a criatividade do novato.

Barrar o acesso indiscriminado à oferta de conteúdo sexual na internet é função dos pais. A liberação do exercício sexual conquistado na adolescência não é sinônimo necessariamente de exercício do desejo, ao contrário, a banalização do sexo pode acarretar dificuldades para o adolescente fazer sua iniciação sexual. A conversa com adultos, pais e educadores, ou entre os pares, como acontece nas sessões de "terapia sexual" oferecidas por Otis aos colegas de colégio em *Sex Education*, é fundamental para abordar o tema, de modo a ganhar mais intimidade e esclarecimento em relação ao sexo e ao próprio corpo, mantendo a dimensão enigmática, não do sexo em si, mas do desejo aí implicado, e permitindo que cada sujeito faça sua iniciação sexual de modo absolutamente singular.

Voltando à proposta de Consenza sobre os tempos lógicos, o segundo tempo é o "tempo do trauma", justamente o momento em que se

levanta o véu. Uma vez iniciado nos mistérios da sexualidade, é inevitável que se levante e espie atrás do véu, deparando-se com o vazio: não se encontra aí um saber, mas um furo. Quem não se lembra do efeito no corpo ao se defrontar com o fato de que mesmo com toda preparação possível, na hora H nenhuma resposta parece certa; ou ainda da sensação de que todo mundo sabe o que fazer, menos você? Por trás do véu que recobre a sexualidade, não há nada, e isso vale para todos. Nesse tempo do trauma, o sujeito se encontra com a heterogeneidade irredutível dos gozos dos parceiros, o que significa dizer que o jovem se encontra com a realidade de que não existe a outra metade da laranja ou a alma gêmea, mas sim a incompletude intrínseca à experiência humana, dimensão revelada pelo aforismo lacaniano "não há relação sexual". Enquanto no tempo do véu se podia acreditar e sonhar com a existência de um ajuste perfeito na relação sexual, aqui o sujeito se depara com um desencaixe, com a incomensurabilidade entre o sujeito e o Outro, ou seja, sempre há mal-entendido, sempre se produz um resto. E é o amor que vem fazer suplência a essa dura realidade.

Quanto mais o adolescente puder alimentar o primeiro tempo, das mais variadas formas, conversas, reflexões, apaixonamentos, sonhos, fantasias, melhores serão as condições de atravessamento do segundo tempo rumo a uma saída satisfatória da adolescência, terceiro e último tempo da iniciação sexual, nomeado pelo autor de "tempo da decisão". Este seria o momento de saída da adolescência, em que o jovem assume uma posição sexuada e aprende a ter certo jogo de cintura entre suas produções imaginárias e fantasiosas e a realidade da falta e da incompletude. Esse jogo pressupõe uma relativa separação do sujeito em relação ao Outro e se desdobrará por toda a vida amorosa. Veremos mais adiante a importância da função paterna na viabilização e sustentação desse jogo.

Assim, além da questão sexual e intrinsecamente articulada a ela, a adolescência é também o tempo de separação do sujeito do seu Outro primordial, sustentado por seus pais. Todo um trabalho psíquico de elaboração da perda dos pais como objeto privilegiado de amor e sobretudo da queda inevitável dos pais do lugar de Outro garantidor diante do desamparo fundamental intrínseco à existência precisará ser realizado. Para elaborar esse luto e poder construir uma nova versão de

Outro com a qual seguir a vida, ainda que sem garantias, a presença dos pais é imprescindível. Temos aqui então um primeiro ponto importante a destacar: a separação em relação aos pais se dá na presença deles, é um exercício de idas e vindas, de afastamentos e aproximações, de conflitos, e a separação só será bem-sucedida, no sentido de o jovem poder tomar sua vida nas próprias mãos, assumindo os riscos de suas escolhas, caso pais e mães suportem sustentar suas funções diante dos inevitáveis ataques. Temos destacado ao longo deste texto as dificuldades da tarefa dos adolescentes, que se articula com a tarefa dos pais, esta também árdua e complexa. Os adultos também vivem essa separação, em um momento em que, diferentemente do jovem que "tem a vida toda pela frente", deparam-se com os primeiros sinais do envelhecimento, trazendo um sofrimento narcísico inevitável. Vivem uma perda, também narcísica, de não serem mais a figura de referência do filho. É o momento de fazer o reconhecimento do desejo do filho, de sua dimensão de alteridade, verdadeiro dom do amor; sustentar ser descartado, criticado, posto para fora do quarto, que agora não é mais como qualquer outro cômodo da casa, mas um espaço reservado, privativo, para o qual precisará ser convidado a entrar. Poder deixar o filho partir é um exercício do dom do amor, suportar e transmitir a falta constitutiva do desejo, único instrumento psíquico de navegação. Aí está a principal função da parentalidade diante da tarefa adolescente de seus filhos.

Jackson, mais um jovem da série *Sex Education*, é filho de um casal homoafetivo. Diante da grande pressão de suas mães de que ele seja um nadador profissional, o jovem, em um *acting out*, machuca seriamente sua mão, o que o impede de treinar por algum tempo. Apesar da dor infligida no corpo, alivia a angústia de estar submetido ao desejo do Outro e abre a possibilidade de deixar deslizar seu próprio desejo em direções até então não vivenciadas. Faz um teste para o grupo de teatro da escola e é escolhido para representar Romeu no clássico shakespeariano. Quando se recupera, voltam as pressões para os treinos de natação. Ele está na iminência de se machucar novamente quando uma amiga chega e o impede. Ela procura suas mães e desvela o impasse no qual Jackson se encontra. Em uma discussão em família, ficamos sabendo da insegurança em relação ao amor do filho de uma das mães, derivada do fato de seu

filho não ter nascido do seu próprio corpo, acrescida de sua frustração em não poder mais competir. Sem ter se dado conta até esse momento, essas vivências difíceis a levaram a impor ao filho compartilhar sua paixão pelo esporte, e ela passou a viver seu sonho através dele. Finalmente a mãe consegue escutar Jackson, quando conta que o que o fazia feliz nas idas à natação quando criança era passar tempo com ela, e que agora não quer mais nadar. Precisa descobrir sozinho quem é e o que gosta de fazer. Nessa trama, pode-se ver claramente que a separação é uma operação que vale para os dois lados envolvidos. Importa destacar que a separação não é deserção da função, tampouco se refere à dimensão amorosa da relação; na separação, trata-se de separação de corpos, no sentido mais amplo do termo, incluída aí a dimensão do desejo.

Córdova nomeia o conflito necessário à separação entre aqueles que exercem as funções parentais e seus filhos de duelo: o duelo é um trabalho decisivo para a resolução do desapego; a morte simbólica dos protagonistas é inexorável. Devem ser assassinados os pais e deve morrer o filho maravilhoso, representação ideal do narcisismo parental que renasce em cada geração. Córdova escreve em espanhol, língua na qual o significante "duelo" comporta dois sentidos diferentes, igualmente importantes para tratar o tema da separação entre pais e filhos: duelo como luta, enfatizando a importância da presença e da implicação dos dois lados envolvidos no embate; e duelo como luto, fazendo referência à perda aí implicada, que, apesar de desejável e necessária, não deixa de acarretar sofrimento. Nesse processo dolorido, mas fundamental, de separação, o jovem se encontrará com a verdade de que o Outro não poderá protegê-lo do desamparo fundamental intrínseco à experiência humana, mas pode encontrar no laço com os outros um modo de suportar esse desamparo e obter satisfações. O amor e o sexo entram aqui como um recurso possível e inesgotável! Agora, para que isso possa acontecer, é fundamental que a função paterna tenha operado.

Para a psicanálise lacaniana, a função dita paterna é justamente uma função separadora que incide no laço da criança com seu Outro primordial. A infância é um tempo de fundamental importância em termos de constituição psíquica, e os adultos que se ocupam do filhote humano exercem uma série de funções na direção de criar as condições

necessárias para o advento de um novo ser de linguagem. Uma transmissão irredutível feita por esses agentes de linguagem, adultos que se ocupam das crianças, articula basicamente dois termos: um desejo não anônimo sustentado por um sujeito implicado com os cuidados e o corpo do bebê, que lhe oferece palavras para que ele possa se nomear, repertório no qual o bebê se aliena para sobreviver; e, ao mesmo tempo, uma função separadora, que vem regular, legislar a impossibilidade de complementariedade entre o sujeito e o Outro, aqui encarnado no seu principal cuidador. Lacan (1998) precisa que a verdadeira função paterna é "fundamentalmente unir (e não opor) um desejo à lei". O agente da função paterna realiza o delicado e necessário entrelaçamento entre o interdito e o desejo, oferecendo parâmetros que podem servir de verdadeiros pontos de referência para o sujeito circular pelo mundo. Conforme sustenta Laurent (2007, p. 96) em uma entrevista sobre como criar as crianças: "há que autorizar aos sujeitos a respeitarem-se a si mesmos, não somente a pensarem como os que têm que padecer a interdição, senão que podem reconhecer-se na civilização. Isto implica não abandoná-los, falar-lhes mais além da proibição [...] que possam suportar uma lei que proíbe, mas que autoriza também outras coisas". Uma lei que não se apresente somente como proibição, mas que também autoriza desejar, inventar, construir. Quando lei e desejo estão desenlaçados, sem a amarração feita pela função paterna, os filhos encontram-se em maus lençóis, podendo ficar submetidos a um Outro autoritário e violento ou ser lançados a um ideal universal, representante da lei, dificultando a escolha de um modo particular de desfrutar da vida.

O Sr. Groff, pai de Adam e diretor do colégio em *Sex Education*, apresenta-se integralmente como legislador, vociferando imperativos de como se deve ser ou fazer para existir. No seu afã pela ordem e pela disciplina, legisla sem a modalização do desejo, que não comparece nem no seu casamento, em que o amor e o sexo estão ausentes. Tanto o filho como a esposa se submetem a sua lei asséptica. A esposa aceita durante muitos anos essa situação, não fazendo valer o seu desejo, abdicando do prazer com o próprio corpo, até finalmente se emancipar e pedir a separação, depois de algumas conversas com a sexóloga. O filho tem muita dificuldade em se fazer um lugar: não tem amigos; é um mau

aluno; atrapalha-se no sexo, tem dificuldade para gozar, apavorado com a fantasia de que seu pai possa ver sua cara de gozo; é violento com o colega gay, que posteriormente se revelará ser seu novo objeto de amor. As palavras do colega Otis, como já apontado no início deste texto, operam a função paterna, separando o adolescente da submissão cega ao imperativo do pai. Interessante notarmos, em outro episódio, a procura de Otis por seu pai, em busca de respostas para o porquê de ele o ter abandonado quando era criança, indo morar em outro país após a separação do casal. Depois de algumas desculpas inconsistentes, o pai admite ser um *covarde*, uma farsa, tendo se retirado completamente da sua responsabilidade na educação do filho. No entanto, Otis é um jovem para quem a função paterna operou, independentemente da boçalidade do pai biológico. Ainda que possa se concentrar em uma figura específica de autoridade, essa função pode ser composta também por várias instâncias e vários adultos que participam da realidade cotidiana da criança e do adolescente. A presença do pai biológico não é garantia da eficácia da função paterna, que pode ser exercida por outros adultos, de quaisquer gêneros, desde que posicionados e implicados na educação da criança ou do jovem, exatamente como as variedades na parentalidade têm demonstrado. Vale dizer que a presença da mãe biológica também não oferece garantias: o desejo necessário à constituição subjetiva não é aportado pela herança genética ou qualquer dimensão instintiva, nem vinculado a gênero ou identidade sexual.

Autores de diferentes campos de saber apontam para um declínio da autoridade paterna veiculada no discurso social nas últimas gerações, no sentido de um enfraquecimento, ou escassez, de dispositivos simbólicos de iniciação, autorização e reconhecimento das variadas e singulares posições subjetivas que alguém possa assumir em uma sociedade. Apontam ainda para uma precariedade dos saberes transmitidos às novas gerações como capazes de apontar um caminho viável e salvar o jovem da angústia causada pela falta de saber sobre qual o melhor caminho a seguir para a realização do desejo, do sexo, do amor. No entanto, o que nos interessa ressaltar é que, apesar de certa precariedade simbólica na oferta às novas gerações, a função paterna fundamental, aquela exercida por alguém de carne e osso, que articula lei e desejo e autoriza o sujeito a encontrar

seus modos de satisfação, segue operando. O agente da função paterna transmite ao filho uma forma viável, possível, de satisfação no mundo ao dar o testemunho de qual a maneira singular que encontrou na própria vida para obter satisfação, maneira que pode ser compartilhada com o filho, mas que sobretudo não o toma como fonte principal. Claro que é satisfatório para os pais compartilharem seus interesses e prazeres com os filhos, o que é diferente de tomarem o filho como única causa de suas andanças pelo mundo. O que assume grande valor do lado do filho é a possibilidade de presenciar esse exercício dos adultos ao viverem suas vidas, sem estarem penhorados como única fonte de satisfação. Ser capaz de fazer essa transmissão de um saber fazer com a vida independe de gênero, identidade sexual, vínculo de sangue ou qualquer exigência moral; depende, sim, de que o adulto tome o jovem na sua trama desejante, ao mesmo tempo que não o tome como causa central de sua vida, que esse adulto também deseje para além desse laço com os descendentes, que tenha outras fontes de realizações e satisfações. Que o adulto deixe o adolescente saber sobre o seu jeito de viver, de desfrutar da vida, é fundamental para que este possa inventar a sua vida, assumindo uma posição própria e não ser mero objeto submetido ao Outro. Essa seria a verdadeira responsabilidade daquele que suporta a função paterna. Como se pode depreender dessas considerações, o exercício da função paterna é uma condição para o sujeito encontrar a via de acesso ao seu desejo, para se orientar nas escolhas e encontrar um modo de satisfação com o qual possa arcar. No entanto, diferentemente do que muitas vezes se desdobra no social em discursos como o religioso ou o capitalista, a função paterna não dá garantias nem oferece manuais de como viver e desfrutar da vida. Mas essa é, afinal, uma boa notícia. Como afirma Zenoni (2007, p. 22), "onde não há garantia, onde há lacuna no código, há lugar para a iniciativa, há lugar para a decisão, há lugar para a causa do desejo".

Os alunos do ensino médio em *Sex Education* tomam a iniciativa de produzir a peça *Romeu e Julieta* em uma versão musical erótica, absolutamente original, não sem o apoio e sustentação de um professor. O cartaz que anunciava a apresentação da peça figurava uma verdadeira floresta de pênis, o que já apontava para a proposta dos jovens de articular o sexo

com o amor presente nesse trágico romance tomado na cultura como o paradigma do amor verdadeiro e eterno, posto que interrompido nos seus desdobramentos cotidianos pelo suicídio dos jovens. Romeu e Julieta não foram autorizados a decidir sobre a própria vida amorosa, em um tempo em que essa era uma decisão que cabia à família. Em 2020, os jovens da ficção *Sex Education* nos ensinam como podem tomar suas vidas nas mãos, arriscando-se a assumir o próprio desejo, não sem o apoio e a sustentação de amigos e amores, além de pais, mães e professores.

Durante a apresentação, a peça foi interrompida por duas vezes. A primeira interrupção ocorre quando Adam, filho do diretor, adentra o teatro em sua urgência de declarar seu amor finalmente assumido pelo colega Eric, que tocava seu trombone no palco. A segunda ocorre quando o Sr. Groff, não suportando o desfile de "mãos de pinto" e "cabeças de vagina" e a irrupção do filho declarando seu amor homossexual, sobe ao palco e ordena a interrupção definitiva da peça. Nesse momento, a coordenadora da escola retira o diretor do palco e propõe seu afastamento do cargo. O diálogo de duas amigas que estavam no comando da apresentação da peça e que acabavam de iniciar um romance finaliza a cena: uma se queixa, dizendo que era para o momento ter sido perfeito, afinal, investiram muito na montagem da peça, mas que estava tudo arruinado; a colega responde que sim, tinha sido perfeito, e elas se beijam de maneira tórrida. Sim, foi perfeito, os conflitos puderam se desdobrar, as dúvidas, inseguranças e contradições puderam ser tratadas. O amor e o sexo puderam ser vividos, guiados pelo desejo, na peça e na vida real daqueles jovens. Esse é o sucesso possível e desejável para os conflitos inerentes à vivência adolescente.

### Referências

CÓRDOVA, N. Extravío sexual de la pubertad y neurosis del desarrollo: de epifanías y partidas. *In*: GRASSI, A.; CÓRDOVA, N. (Comps.). *Territórios adolescentes y entretiempo de la sexuación.* Buenos Aires: Entreideas, 2018. p. 14-25.

COSENZA, D. *A recusa na anorexia.* Belo Horizonte: Scriptum, 2018.

LACAN, J. De uma questão preliminar a todo tratamento possível da psicose. *In*: *Escritos.* Rio de Janeiro: Jorge Zahar, 1998. p. 537-590.

LACAN, J. *O seminário, livro 4: A relação de objeto*. Rio de Janeiro: Jorge Zahar, 1995.

LACAN, J. *O seminário, livro 20: Mais ainda*. Rio de Janeiro: Jorge Zahar, 1985.

LACAN, J. Prefácio a "O despertar da primavera" [1974]. Tradução de Vera Ribeiro. *In*: *Outros escritos*. Rio de Janeiro: Jorge Zahar, 2003. p. 557-559.

LAURENT, E. Como criar crianças. *Revista Eletrônica do Núcleo Sephora*, v. 2, n. 4, 2007.

SEX EDUCATION (Temporadas 1 e 2). Criação: Laurie Nunn. Produção: Netflix. Estrelada por: Asa Butterfield, Emma Mackey, Ncuti Gatwa, Dacre Montgomery, Kedar Williams-Stirling e Gillian Anderson. Reino Unido, 2019-2020.

SOLER, C. *O que resta da infância*. São Paulo: Escuta. 2018.

ZENONI, A. Versões do Pai na psicanálise lacaniana: o percurso do ensinamento de Lacan sobre a questão do pai. *Psicologia em Revista*, Belo Horizonte, v. 13, n. 1, p. 15-26, 2007.

# Finitude e parentalidade

● *Mario Eduardo Costa Pereira*

*Close your eyes*
*Have no fear*
*The monster's gone*
*He's on the run and your daddy's here*
John Lennon. *Beautiful Boy (Darling Boy)*

*HAMLET: Deixa-me vê-lo. (Toma o crânio.) Pobre Yorick! Conheci-o,*
*Horácio; um sujeito de chistes inesgotáveis e de uma fantasia soberba.*
*Carregou-me muitas vezes às costas. E agora, como me atemoriza a*
*imaginação! Sinto engulhos. Era aqui que se encontravam os lábios que*
*eu beijei não sei quantas vezes. [...] Tudo descarnado!*
Shakespeare. *Hamlet,* ato V, cena 1

### Introdução: "Mamãe?... Onde é que você está?"

"Mamãe?… Onde é que você está?… Mamãe?… Mamãe?… Mamãe?… Mamãe?… Mamãe?…" Essas são as palavras de Bambi, pronunciadas quando este já intuía a morte de sua mãe, fuzilada pelo sinistro caçador, Man, como o nomeavam os animais da floresta. Assiste-se, em seguida, ao pequeno cervo vagando aturdido, desamparado, pela floresta escura e nevada. Na versão levada à tela dessa que é talvez uma das cenas mais tristes da história do cinema, não são exibidos nem o momento em que a mãe de Bambi é alvejada nem sequer seu

corpo já sem vida.[1] Mesmo Man permanece praticamente invisível ao longo de toda a película, sendo perceptível apenas através dos efeitos devastadores de suas ações. Sem precisar recorrer à obscenidade, a animação de Disney expõe de forma crua, para seu público infantil e suas famílias, uma das mais insuportáveis figuras do trágico para uma criança: sempre, a qualquer momento, mamãe poderá, subitamente, nunca mais estar aí.

Assim como nas lendas, nos contos de fadas e nas letras das cantigas de ninar, seria difícil evocar um filme infantil que não coloque em cena a figura quase mitológica da criança órfã, sozinha, perdida ou desamparada. Proliferam nos desenhos animados as personagens da madrasta malvada ou da bondosa fada madrinha, ambas a evocar o vazio deixado pela mãe ausente. Infindáveis são os enredos estruturados em torno da memória onipresente do pai morto, majestoso e idealizado, como em *O rei leão*, ou da busca incansável pela mãe desaparecida: por dois mil anos o menino-androide David, em *A.I.: inteligência artificial*, aguardou no fundo do mar congelado, diante da Fada Azul, alguma pista que essa pudesse lhe dar para encontrar sua mãe, de quem há muito se perdera!

As grandes obras da cultura e do folclore encontram-se igualmente atravessadas pelas imagens de crianças atingidas pelo infortúnio e abandonadas solitárias à própria sorte. É o que se encontra, por exemplo, em nossa lenda regional do Negrinho do Pastoreio, infeliz menino órfão, escravo maltratado que nem nome tinha: "A este não deram padrinhos nem nome; por isso o Negrinho se dizia afilhado da Virgem, Senhora Nossa, que é a madrinha de quem não a tem" (*in* Lopes Neto, 2006, p. 236). Ou, ainda, na célebre *canción de cuña* "Duerme negrito", imortalizada pela voz de Mercedes Sosa, na qual a mãe explica sua própria ausência junto a seu bebê, pois precisa trabalhar para sustentar

---

[1] Em 2016 foram divulgadas as imagens constantes do *storyboard* original do filme de animação, nas quais aparecem o momento em que a mãe de Bambi é atingida pelo disparo do caçador e seu corpo jazendo sobre a neve. As cenas não foram incluídas na versão apresentada nos cinemas. Ver: BAMBI: cena deletada com a morte da mãe do cervo surge na internet. [s.d.]. Diponível em: https://bit.ly/2PFQEgS. Acesso em: 25 abr. 2021.

a ambos, uma vez que seu pai está morto (*"Duerme, duerme negrito,* [...] *que tu mama está de luto..."*). Por todos os horizontes da cultura proliferam as figuras do desamparo, da finitude e da morte, com suas estratégias próprias de apresentar muito precocemente para a criança – e continuamente para todos nós – que toda garantia é precária e que, como lembra Freud, até mesmo Zeus, com todo seu poder e glória, está submetido aos insondáveis desígnios das moiras.[2]

Mas como é possível – para crianças, adultos, para a cultura em geral – tornar de alguma forma assimilável, subjetivável, um Real tão impossível de suportar? O objetivo do presente escrito é tratar dessa pergunta desde uma perspectiva psicanalítica, a partir do exame das relações entre finitude e parentalidade. Três tópicos serão abordados: 1) a questão da finitude em face da hipótese freudiana segundo a qual a morte do indivíduo não tem qualquer representação em seu próprio Inconsciente; 2) o desamparo e o trauma como núcleos da situação de perigo; 3) os pais em suas relações com a descoberta do desamparo pela criança e com a criação de possibilidades para sua subjetivação.

As proposições aqui apresentadas partem da hipótese segundo a qual o desamparo constitui condição fundamental de todo ser de linguagem. Não menos que os filhos, os pais estão a ele submetidos. Em grande parte, as modalidades possíveis de subjetivação pela criança dessa dimensão decisiva da existência dependerão da forma como os pais se relacionam eles próprios com o desamparo. A cultura e o laço social desempenham um papel não menos importante nessa tarefa. Segundo a forma como a falta radical de garantias for incluída na constituição do sujeito, aquela poderá ser subjetivamente experimentada em algum ponto do vasto leque de tonalidades existenciais efetivas, que vão do terror desesperado à liberdade criativa.

---

[2] "No que concerne à distribuição dos destinos, persiste a desagradável suspeita de que a perplexidade [*Ratlosigkeit*] e o desamparo [*Hilflosigkeit*] humanos não podem ser remediados. É nisso, antes de tudo, que os deuses fracassam. Se eles próprios fizeram o destino, temos de considerar inescrutável sua deliberação; o povo mais talentoso da Antiguidade vislumbrou que existe a Moira acima dos deuses, e que os próprios deuses têm os seus destinos" (FREUD, [1927] 2014, p. 250).

## A questão da finitude em face da hipótese freudiana
## da não representação da morte-própria no Inconsciente

A morte do próprio indivíduo – a morte-própria, como aqui a chamaremos – parece constituir o Real mais obscuro e opaco da existência. "Terra desconhecida de cujo âmbito nenhum viajante retorna",[3] tal como a descreve Hamlet em seu vertiginoso monólogo sobre ser ou não ser, a morte constitui tema central de toda forma de arte, de toda manifestação da cultura. Contudo, que estatuto subjetivo e existencial deveríamos atribuir à morte-própria, enquanto condição não empírica por excelência? Como o sujeito poderia ser de fato interpelado – e de forma tão radical – por algo em relação a que não encontra em si mesmo qualquer inscrição efetiva?

Trata-se, sem dúvida, de um dos maiores desafios intelectuais colocados para o pensamento: como conceber e situar apropriadamente o não ser, a negatividade absoluta de si? Para Heidegger, por exemplo, a finitude é a marca temporal constitutiva do *Dasein*. O fato de sabermos que nossa vida tem fim constitui o fundamento sem-fundo (*Bodenlosigkeit*) da existência: existir é estar no tempo; é ser para a morte. A finitude é, sob essa perspectiva, constituinte e condição determinante de nosso Ser-no-Mundo (*in-der-Welt-sein*). "A preocupação (*die Sorge*)", diz Heidegger em *Ser e tempo*, "é ser para a morte (*Sein zum Tode*)... [O *Dasein*] não tem final em que simplesmente termine, mas ele existe de modo finito" (HEIDEGGER, [1927] 2012, p. 897). O que se delineia aqui é o caráter de temporalização específica imposta pela finitude: "o existir que tende para si como possibilidade insuperável da nulidade (*unüberholbare Möglichkeit der Nichtigkeit*)" (HEIDEGGER, [1927] 2012, p. 897).

Para Freud, contudo, é justamente essa possibilidade da "nadificação" de si mesmo que lhe parece destituída de significação subjetiva: a morte-própria não tem qualquer inscrição no inconsciente; enquanto tal, sua possibilidade é completamente irrelevante do ponto de vista

---

[3] "*The undiscover'd country, from whose bourn no traveler returns*" (SHAKESPEARE, *Hamlet*, ato III, cena 1).

do sujeito. Em "Reflexões para os tempos de guerra e morte", de 1915, ele o diz da forma mais explícita possível: "Nosso inconsciente, [...], não crê em sua própria morte; comporta-se como se fosse imortal. O que chamamos de nosso 'inconsciente' [...] desconhece tudo o que é negativo e toda e qualquer negação; nele as contradições coincidem. Por esse motivo, não conhece sua própria morte, pois a isso só podemos dar um conteúdo negativo" (FREUD, [1915] 1977, p. 335).

Não é segundo outra lógica que Lacan, já em um momento avançado de seu ensino, afirma de maneira desconcertante que "a morte é do domínio da fé. Você tem razão em acreditar que vai morrer, é claro; isso o sustenta. Se você não acreditasse nisso, como poderia suportar a vida que tem? Se não fôssemos firmemente apoiados por essa certeza de que isso terminará, você poderia suportar esta história; no entanto, é apenas um ato de fé; o cúmulo do cúmulo é que você não tem certeza!" (LACAN, 1972, [s.d.]).[4] Vemos aqui um Lacan fielmente freudiano: não tendo qualquer inscrição inconsciente, a morte-própria não se coloca enquanto tal para o sujeito, e, desde esse prisma, trata-se apenas de um oráculo que nos foi endereçado pelo Outro; uma vaga analogia narcisista suportada pelo desaparecimento do próximo amado. Ainda que, diante das agruras da vida e das exigências da pulsão de morte, a morte-própria possa integrar o circuito do desejo, esta permanece, como tal, uma questão de fé.

Confrontados com esse paradoxo – e, por que não, a esse escândalo – proposto pela psicanálise, vemo-nos diante do desafio de conceber a questão da finitude segundo uma referência distinta do caráter passageiro, temporário, da própria vida.

Por certo Freud reconhecia na aceitação do caráter transitório e finito da existência o elemento decisivo para todo o desfrutar possível da experiência humana. Quando, por exemplo, diante de uma

---

[4] *"La mort est du domaine de la foi. Vous avez bien raison de croire que vous allez mourir bien sûr ; ça vous soutient. Si vous n'y croyez pas, est-ce que vous pourriez supporter la vie que vous avez ? Si on n'était pas solidement appuyé sur cette certitude que ça finira, est-ce que vous pourriez supporter cette histoire ; néanmoins ce n'est qu'un acte de foi ; le comble du comble, c'est que vous n'en êtes pas sûr".*

magnífica paisagem descortinada durante um passeio de verão pelo campo, escuta do jovem poeta que o acompanhava a queixa de que a finitude das coisas destitui-lhes de toda beleza, Freud se insurge da maneira mais veemente:

> [a] exigência de imortalidade, por ser tão obviamente um produto dos nossos desejos, não pode reivindicar seu direito à realidade; o que é penoso pode, não obstante, ser verdadeiro. Não vi como discutir a transitoriedade de todas as coisas, nem pude insistir numa exceção em favor do que é belo e perfeito. Não deixei, porém, de discutir o ponto de vista pessimista do poeta de que a transitoriedade (*Vergänglichkeit*) do que é belo implica uma perda de seu valor. Pelo contrário, implica um aumento! O valor da transitoriedade é o valor da escassez no tempo. A limitação da possibilidade de uma fruição eleva o valor dessa fruição (FREUD, [1915] 1972, p. 345).

Proposição freudiana que encontra eco no imortal – e arquiambíguo – discurso do "Pai" em *Lavoura arcaica*: "só a justa medida do tempo, dá a justa natureza das coisas" (NASSAR, 1989, p. 55).

Encontramos aqui as bases do radical paradoxo que acima evocávamos: o desfrutar possível da vida depende da subjetivação de uma dimensão real, não empírica, não intuitiva, a mais impossível de suportar: a de nossa finitude, a da conciliação possível com o horizonte da morte-própria. Examinemos esse ponto central em mais detalhes.

Ao se interrogar sobre a possibilidade de inscrição da morte-própria no Inconsciente, Freud evocava certas experiências extremas como apropriadas para oferecer um conteúdo representacional para essa impossível vivência da própria não existência. Uma delas ocupava um lugar central: a perda do ser amado, a morte daquele que nos oferecia proteção e segurança sendo particularmente bem talhada para produzir esse efeito. Mesmo assim, a morte do Outro amado, objeta Freud, por mais terrível e devastadora que possa ser, não constitui por si só uma inscrição subjetiva do não ser do próprio sujeito, permanecendo tão somente como uma representação extrema da castração. É o que

encontramos explicitamente formulado, por exemplo, em "Inibição, sintoma e angústia", de 1926:

> nada que se assemelhe à morte jamais pode ter sido experimentado; ou se tiver, como no desmaio, não deixou quaisquer vestígios observáveis atrás de si. Estou inclinado, portanto, a aderir ao ponto de vista de que o medo da morte deve ser considerado como análogo ao medo da castração [*daß die Todesangst als Analogon der Kastrationsangst aufzufassen ist*] e que a situação à qual o eu está reagindo é de ser abandonado pelo supereu protetor – os poderes do destino –, de modo que ele não dispõe mais de qualquer salvaguarda contra todos os perigos que o cercam (FREUD, [1926] 1980, p. 153).

Vemos aqui se delinear da maneira mais explícita possível a forma como Freud concebia o estatuto do desamparo radical no campo do sujeito. Para o pai da psicanálise, nada relativo à extinção da própria vida e da concepção de si mesmo como não existente tem qualquer inscrição no inconsciente, que não conhece senão positividades dispostas em oposições elementares diferenciais. Ou seja, traços assimiláveis às letras de uma escrita, capazes de sustentar a pura diferença, própria ao jogo significante. Expostos a um jogo de linguagem codificado no campo do Outro, tais marcas podem produzir efeitos singulares de significação e de gozo. Quando o corpo e esse sistema de traços de gozo são reconhecidos pelo Outro e delimitados por um Nome Próprio, ali se instala a possibilidade, a suposição, daquilo a que psicanaliticamente chamamos "um sujeito singular".

Para Freud, a matriz básica do sistema simbólico fundante do discurso enquanto laço social chama-se complexo de Édipo. Em outras palavras, é a raiz edipiana que constitui o núcleo mínimo comum dos sistemas simbólicos humanos. O processo de humanização significa, sob essa perspectiva, habitar um universo simbólico socialmente compartilhado. É esse compartilhamento que permite que os humanos recortem a experiência do mundo segundo categorias simbólicas minimamente socializadas, o que torna possível a instalação em uma

experiência comunitária daquilo que conhecemos como "realidade". A realidade não se constitui, portanto, da apreensão objetiva e neutra do mundo tal como ele seria em seu real cru. A realidade é apenas o nome que damos ao recorte linguístico, simbólico, socialmente compartilhado da experiência. Poderíamos nos interrogar se essa matriz simbólica inconsciente, mas fundante, do laço social não estaria em relação direta com as condições de possibilidade daquilo que Kant considerava como "formas *a priori* da intuição sensível".

O desamparo, sob essa ótica, não se refere ao caráter limitado de nossas capacidades psicomotoras em fazer frente à morte, ao sofrimento e às potências arrebatadoras do destino. O desamparo é um fato de linguagem, incapaz de significar, sem deixar resto, o conjunto da experiência humana, sobretudo naquilo que diz respeito a nossa incompletude e perpétua insatisfação em face da plenitude que almejamos em nossos processos desiderativos. A constatação desses limites e incompletudes exprime-se em psicanálise sob o nome de "castração", e é nesse sentido que Freud se refere às representações que podemos nos fazer da morte-própria como meras "figuras da castração".

Tal como procurei mostrar em *Pânico e desamparo* (Pereira, 1999), Freud propõe uma modalidade própria daquilo que, sem ser a morte-própria, no sentido biológico do termo, equivaleria à aniquilação do sujeito no plano do inconsciente: o desamparo, a *Hilflosigkeit*, positivamente experimentado na situação traumática, e as marcas caóticas, mas indeléveis, por esta deixada: "qual é o núcleo e o significado de uma situação de perigo [*Was ist der Kern, die Bedeutung der Gefahrsituation*]? Claramente, ela consiste na estimativa do paciente quanto à sua própria força em comparação com a magnitude do perigo e no seu relacionamento de desamparo [*Hilflosigkeit*] em face desse perigo – desamparo físico se o perigo for real e desamparo psíquico se for pulsional [*Triebgefahr*]" (Freud, [1926] 1980, p. 163).

É assim que, para Freud, a angústia se orienta pelas marcas daquilo que de mais perturbadoramente real o sujeito pode experimentar: o desamparo diante do aniquilamento subjetivo vivido na situação traumática. O que é, então, a situação de perigo para Freud? A possibilidade de (re)encontro da situação traumática; encontrar-se

completamente impotente diante da invasão incoercível de uma excitação crescente e avassaladora. O que é a angústia sob a ótica freudiana? O sinal real da proximidade do perigo e, por extensão, da renovação do trauma. Para Freud, diante do corpo sem vida da mãe, o pequeno Bambi não acede à inscrição inconsciente da própria morte. Ele descobre subjetivamente, e de forma traumática, a radicalidade do desamparo.

O ponto decisivo que aqui nos interessa é o seguinte: o caráter traumático da descoberta da radicalidade do desamparo decorre do desamparo em si mesmo ou da forma contingentemente brutal, intolerável, como este foi revelado para o sujeito? Essa é uma questão fundamental que seremos obrigados a deixar aqui apenas indicada: a descoberta subjetiva, existencial, do desamparo é necessariamente traumática? Ou o caráter traumático desse encontro é apenas contingente, podendo se dar de formas menos brutais?

O que devemos investigar aqui se relaciona com uma questão próxima, contigua àquelas anteriormente enunciadas. Podemos enunciar esse problema tomando apoio na referência cinematográfica da qual partimos. Ao perder brutalmente sua mãe, Bambi perde também seu chão. Mas haveria um chão ainda mais fundamental a sustentar o chão materno, que ruiu de forma catastrófica na infância do desafortunado cervo?

## A psicanálise e a questão do fundamento

Um antigo problema da física interroga os sábios, os homens comuns e a cultura em geral desde tempos imemoriais. Poderíamos apresentar as grandes linhas dessa questão tomando como referência a forma como esta se colocava para os gregos: "Por que a esfera celeste, tão imensa e majestosa, não afunda com todo seu peso nas profundezas do Éter, no céu sem limites?". A resposta: "Porque o Mundo é sustentado nos ombros do colossal titã Atlas!". Mas sobre que base se apoiam os pés de Atlas para que este e Mundo não soçobrem no Nada? Trata-se aqui do clássico problema do "fundamento do fundamento".

Em seu *O livro dos seres imaginários*, Jorge Luis Borges aborda essa questão a partir da narrativa do antigo mito árabe de Bahamut, o imenso

peixe (ou dragão, ou serpente, conforme a versão) que sustentava o mundo sobre seu próprio dorso. Referido a essa lenda, o grande escritor argentino – e sua parceira Margarita Guerrero – propõem uma vertiginosa reflexão sobre a incapacidade de nosso intelecto para conceber um fundamento último, o fundamento de todos os fundamentos. Expõe-se, assim, nosso desamparo fundamental, a falta de garantias últimas para o universo e para a existência. Mesmo o fundamento aparentemente mais sólido termina sempre por remeter a um véu de mistério:

> Deus criou a Terra, mas a Terra não tinha sustentáculo e assim por baixo da Terra criou um anjo. Mas o anjo não tinha sustentáculo e assim por baixo dos pés do anjo criou um penhasco de rubi. Mas o penhasco não tinha sustentáculo e assim por baixo do penhasco criou um touro com quatro mil olhos, orelhas, ventas, bocas, línguas e pés. Mas o touro não tinha sustentáculo e assim por baixo dos pés do touro criou um peixe chamado Bahamut, e por baixo do peixe pôs a água, e por baixo da água pôs escuridão, e a ciência humana não vê além desse ponto (BORGES; GUERRERO, [1957] 2006, p. 37).

As investigações de Arquimedes sobre a alavanca colocaram-no em busca desse mesmo ponto fixo do Universo. Com esse apoio indefectível e eterno, e com o auxílio de uma barra suficientemente longa, ele dizia ser possível deslocar qualquer corpo do Cosmos. Aí residia o embaraço de sua ciência, justamente incapaz de encontrar esse ponto fixo absoluto. A filosofia moderna – ao se afastar do *Thaumazein* dos gregos, do "espanto" diante do mundo, que, aos olhos de Platão e Aristóteles, constituía a disposição (o *páthos*) própria ao pensamento filosofante – passa a se organizar justamente na busca de uma certeza incontestável, autoevidente, capaz de fundamentar sem falhas um sistema consistente de razão. Não é outro o projeto de Descartes, que justamente visava, com seu *cogito*, a evidência de uma certeza primeira, alicerce inabalável para a construção de um conhecimento digno de confiança.

Mas é precisamente nos impasses desse projeto racionalista absoluto que Lacan encontrará a dimensão real, pulsional, do sujeito da

psicanálise. Confrontado pelas incidências do problema do fundamento do fundamento na metapsicologia herdada de Freud, o grande psicanalista francês demonstrará a irredutibilidade da verdade ao saber e à ciência. E ao *gap*, ao resto, irredutível entre esses campos, Lacan chamará "o Real". No esforço de traduzir de maneira exaustiva o campo do sujeito no campo da linguagem, por mais maciços que sejam os resultados desse esforço, estes encontram um limite sempre renovado e intransponível, da ordem lógica do impossível: o real é o que não cessa de não se inscrever.

Nesse ponto encontramos algo da impotência da linguagem, em sua impossibilidade de traduzir integralmente, sem restos, o campo do sujeito e o sentido de seu desejo e de sua vida. O desamparo revela-se assim não da ordem do "acidente", mas fundamentalmente como condição de falta de garantias últimas da linguagem em traduzir sem restos todo o Real no campo do "sentido". O *cogito* cartesiano confronta-se aqui com seus limites, com sua castração.

Colocam-se assim novas e decisivas questões relativas ao desamparo e, por extensão, ao problema da finitude. Em particular, que destino subjetivo e existencial dar ao desamparo fundamental sobre o qual se estrutura todo ser de fala?

## O penhasco entre a altivez e a queda

Em *O rei leão*, o papel dos pais na apresentação ao filho da dimensão fundamental de amparo/desamparo tem por cenário a figura onipresente do penhasco. Este constitui uma espécie de pontuação alegórica insistente ao longo de todo o enredo. Evocando o homem kierkegaardiano à beira do abismo, dividido entre a angústia/fascinação pela queda e a grandeza do panorama que daquelas alturas pode vislumbrar, é no alto do penhasco que o essencial da trama se desenrola. Três momentos decisivos da genial animação ocorrem nesse cenário.

Na cena inicial, Simba, o leãozinho recém-nascido, herdeiro legítimo do reino de seu majestoso pai, o rei Mufasa, é delicadamente tomado do seio de sua mãe pelo sacerdote, um velho mandril com um cajado que testemunha de sua autoridade sagrada. Com toda a

gravidade simbólica das cerimônias próprias àquela comunidade animal, o pequeno felino real é levantado à beira do penhasco pelas mãos do oficiante, para ser apresentado a seus futuros súditos e por eles reverenciado. O bebê leão não aparenta medo ou insegurança. Entrega-se sem reservas e sem questionamentos aos braços sagrados do sacerdote. Nem sequer se interroga pelo futuro. O futuro rei já porta em si as marcas de uma sustentação benfazeja, que nem sequer se apresenta como tal. É somente quando precisar se confrontar sozinho com o vazio e com a iminência da queda que os braços do Outro protetor aparecerão como tais: estrangeiros, frágeis e contingentes.

A trágica cena da morte de Mufasa, diante do olhar atônito de seu filho, Simba, ocorre também no penhasco. Se, na cena de abertura, as mãos do sacerdote serviram para sustentar o infante à beira do vazio, agora o grande rei sucumbe pelas mãos, reveladas assassinas, de seu terrível irmão, Scar. Diante do desamparo de Simba, precariamente agarrado à borda do penhasco, o usurpador crava suas garras nas mãos do rei, para melhor lançá-lo à morte.

A cena final faz o retorno – aludindo talvez ao eterno retorno – da cena inicial. Em muitos aspectos idêntica àquela que abriu o filme, mas ao mesmo tempo renovada. Voltamos à beira do abismo. Novamente um casal real regozija-se com a chegada do jovem herdeiro. Dessa vez, Simba, depois de muitas aventuras em que pode demonstrar seu valor, sua coragem e sua fidelidade ao pai e a sua memória, está agora na posição legítima de rei. E, mais uma vez, um novo pequenino herdeiro será elevado por um sacerdote mandril diante dos olhos ávidos da multidão habitante das planícies. O ciclo se fecha, para novamente se desequilibrar, relançando, assim, uma história sem fim que, a cada repetição, é sempre diferente e nova. À beira do abismo.

Temos aqui, inicialmente, duas cenas de desamparo diante do vazio – entre a contemplação altiva e o risco da queda. Na primeira, o desamparo é real, mas não é vivido como trauma, pois a segurança oferecida pelas mãos do sacerdote – e referendada pelo assentimento dos pais e da cultura – é suficiente para que Simba encare o vazio sem se desesperar. Na verdade, este ainda não lhe aparece subjetivamente nem como ameaça nem como risco. O jovem príncipe terá tempo

para descobrir, segundo um ritmo suportável, através de suas próprias experiências e investigações, que toda a segurança oferecida pelo sacerdote – e, em última instância, pelo próprio pai e pela cultura que sustentava todo o ritual – era mero semblante. Todos ali presentes não poderiam garantir a proteção do infante, porque cada um se encontrava igualmente em situação de equilíbrio precário, contingente, e que um *simple twist of fate*[5] poderia facilmente tudo destruir. Simba ainda não havia descoberto que "para sempre é sempre por um triz". A segunda cena do penhasco, da morte de seu pai, vai lhe revelar essa terrível verdade da forma mais cruel e traumática.

### Como pode ser suportável descobrir que "para sempre é sempre por um triz"[6]?

*Ó mãe, pergunte ao pai*
*Quando ele vai soltar a minha mão*
*Onde é que o chão acaba*
*E principia toda a arrebentação*
Chico Buarque. *Massarandupió.*

Que condições tornam possível a uma criança renunciar um dia à mão do pai e se lançar, por sua própria conta, ao sem chão da arrebentação? Os belos versos de Chico Buarque dedicados a seu neto, na canção "Massarandupió", mantêm em suspenso a tonalidade emocional desse ato de separação. Ao interrogar a mãe sobre o momento em que o pai irá soltar sua mão, o poeta deixa a cargo de seu auditor decidir se a questão está tingida mais de angústia e medo ou de entusiasmo e excitação, em proporções e composições igualmente indeterminadas.

---

[5] "*He woke up, the room was bare/He didn't see her anywhere/He told himself he didn't care/ Pushed the window open wide/Felt an emptiness inside/To which he just could not relate/ Brought on by a simple twist of fate*" (Bob Dylan, "A simple twist of fate", 1975).

[6] Verso da canção "Beatriz", de Chico Buarque e de Edu Lobo, do álbum *O grande circo místico* (1983).

A resposta quanto às condições de possibilidade de subjetivação e responsabilização pela própria condição de desamparo naquilo que toca à garantia última dos fundamentos do mundo está longe de ser autoevidente. Como diz o narrador de "Menino a bico de pena", de Clarice Lispector (1971, p. 153): "Mãe: é não morrer". E o mero reencontro da figura da mãe já recoloca o mundo e o corpo todo em ordem e em movimento. Correlativamente, a não Mãe, a mãe real, aquela que pode não estar presente justamente quando seu filho mais necessita dela, soa como intolerável, levando-nos a indagar, a justo título, como e sob que circunstâncias tais constatações, tão incompatíveis com a vida psíquica infantil – outro nome da vida mental ordinária de cada um, – podem vir a ser psiquicamente toleráveis.

Em "À guisa de introdução ao narcisismo" (FREUD, [1914] 2004), na contramão de toda a idealização do amor materno, Freud sustentava que a matriz de qualquer forma de devoção amorosa é sempre fundamentalmente narcisista. Mamãe ama seu filho não pelas qualidades intrínsecas deste, mas a partir do fato simbólico decisivo de que aquela criança é o seu filho. Nessa posição, desde sua concepção, o bebê humano torna-se para os pais o depositário de todas as aspirações de realização narcisista a que estes próprios se viram obrigados a renunciar.

Ao mesmo tempo, adquirem para os pais, para os demais familiares e para a própria sociedade valores simbólicos específicos, sendo consequentemente instalados em posições significantes relativas à história das vicissitudes e impasses de cada um dos envolvidos e do laço social como um todo. A criança ocupa lugares específicos na fantasia fundamental dos pais, o que pode produzir efeitos particularmente paralisantes de gozo e de congelamento subjetivo. É nesse âmbito que se instalam, em nossa cultura, os grandes desafios dessa etapa que atualmente especificamos com o termo "adolescência": um momento de "adoecimento" esperado em nossas formas sociais de constituição de sujeitos. Coloca-se em todo seu paroxismo o drama da luta entre a cristalização mortificante da posição subjetiva do jovem nos lugares de alienação previamente criados para satisfazer o Outro e a possibilidade de ruptura, em certa medida, da herança simbólica que o constituiu e da assunção da pequena margem de construção *ex-nihilo* de si mesmo.

A referência ao "nada" aqui é extremamente relevante: se no início falávamos de um nada "nadificante", siderante e mortífero, agora o "nada" retorna vivificante, referindo-se à pura potência criativa e à não saturação da linguagem pelas demandas e injunções do Outro.

Winnicott ([1951] 1975) já nos havia habituado a conceber uma das funções fundamentais da parentalidade: aquela que consistia em oferecer as condições para que a criança pudesse ir se apropriando através do brincar, dos fenômenos e objetos transicionais e do exercício da própria criatividade, da incompletude radical do mundo. Mas um aspecto em particular de sua contribuição teórica precisa ser aqui destacado: ao brincar, a criança não vai apenas se apropriar do mundo. De certa forma, ela deverá ter a impressão subjetiva de que o cria por si própria, a partir do nada. E para isso o espaço autorizado e garantido pelos pais é fundamental. Nisso consiste uma das dimensões fundamentais do amor: autorizar e bendizer a apropriação/criação singular do mundo pelo ser amado, mesmo que isso implique, no momento propício, abençoar sua partida.

Em *Magnólia*, P. T. Anderson constrói os enredos simultâneos, mas paralelos, de inúmeros personagens atravessando os momentos cruciais de suas existências em condições muito diferentes. Contudo, uma referência discreta, mas extremamente eficaz, unia-os: uma passagem específica da Bíblia, Êxodo 8, 2, que emerge no enredo do filme e na vida de cada personagem das formas mais singulares: "Mas se recusares deixá-lo ir, eis que ferirei com rãs todos os teus termos". Esse versículo ganha uma amplidão mais evidente quando conectado ao versículo que o precede: "Então disse o Senhor a Moisés: Vai a Faraó, e dize-lhe: Assim diz o Senhor: Deixa ir o meu povo, para que me sirva". Permitir que parta. Essa é, talvez, a mais eficaz dimensão simbólica da antiga tradição da bênção dos pais: "Que Deus te abençoe! Vá com a minha bênção. Eu reconheço, desde minha posição parental, seu direito e sua própria competência a se virar por si mesmo na gestão de seu desejo e com seu próprio desamparo".

Nesse caso, a evocação das forças sagradas refere-se mais do que à mera tradição religiosa: elas remetem à potência simbólica e erótica da língua, em sua capacidade propriamente poética, ou seja, criativa.

Evidencia-se, assim, um aspecto fundamental das relações da parentalidade com a finitude: ao abençoar a falta de garantias da existência, nisso que ela depende do caráter incompleto e sempre aberto da linguagem, os pais podem ajudar no esvaziamento do terror, próprio à descoberta do desamparo, e autorizar a apropriação criativa do universo em aberto e erótico no litoral em que a língua roça o corpo.

Este é um aspecto fundamental compartilhado por *Bambi* e *O rei leão*: ambos os protagonistas, que inicialmente eram crianças órfãs, traumatizadas e desamparadas, encontram-se, nas cenas finais dos respectivos filmes, na posição de sujeitos altivos, contemplando, serenos, a amplidão do mundo, do alto do penhasco. Para além do temor e da piedade.

## Referências

BÍBLIA DO CRISTÃO. Disponível em: https://www.bibliadocristao.com/exodo/8/2. Acesso em: 13 de jul. 2021.

BORGES, J. L.; GUERRERO M. *O livro dos seres imaginários* [1957]. São Paulo: Globo, 2006.

DYLAN, Bob. A Simple Twist of Fate. *In: Blood on the Tracks.* Columbia, 1975.

HEIDEGGER, Martin. *Ser e tempo.* [1927]. Edição bilíngue alemão/português. Tradução e organização de Fausto Castilho. Campinas-SP/Petrópolis-RJ: Editora Unicamp/Vozes, 2012. (Coleção multilíngues de filosofia UNICAMP).

HOLANDA C. B.; LOBO E. Beatriz. *In: O grande circo místico.* Rio de Janeiro: Som Livre, 1983.

FREUD, S. À guisa de introdução ao narcisismo [1914]. *In: Escritos sobre a psicologia do inconsciente.* Tradução de L. A. Hans. Rio de Janeiro: Imago, 2004. v. 1. p. 95-131.

FREUD, S. Inibição, sintoma e ansiedade [1926]. *In: Obras psicológicas completas de Sigmund Freud.* Rio de Janeiro: J. Zahar, 1980. v. 20. p. 95-203.

FREUD, S. O futuro de uma ilusão [1927]. *In: O futuro de uma ilusão e outros textos.* Tradução de P. C. de Souza. São Paulo: Companhia das Letras, 2014. p. 231-301. (Obras Completas, 17).

FREUD, S. Reflexões para os tempos de guerra e morte [1915]. *In: A história do movimento psicanalítico, artigos sobre a metapsicologia e outros trabalhos (1914-1916).* Rio de Janeiro: Imago, 1977. p. 311-341. (Edição Standard Brasileira das Obras Psicológicas Completas de Sigmund Freud, XIV).

FREUD, S. Sobre a transitoriedade [1915]. Tradução de J. Salomão. Rio de Janeiro: Imago, 1972. (Edição Standard Brasileira das Obras Completas de Sigmund Freud, v. XIV).

LACAN, J. *La mort est du domaine de la foi*. 1972. Disponível em: https://bit.ly/3xl-Ze5e. Acesso em: 20 jul. 2020.

LISPECTOR, C. Menino a bico de pena. *In*: *Felicidade clandestina*. Rio de Janeiro: Francisco Alves, 1971. p. 150-154.

LOPES NETO, João Simões. *Contos Gauchescos e Lendas do Sul*. Edição Crítica de Aldyr Garcia Schlee. Porto Alegre: IEL/UNISINOS, 2006.

NASSAR, R. *Lavoura arcaica*. São Paulo: Cia das Letras, 1989.

PEREIRA, M. E. C. *Pânico e desamparo*. São Paulo: Escuta, 1999.

SHAKESPEARE, W. *The Tragedy of Hamlet*. London: Methuen & Co., 1899.

WINNICOTT, D. W. Objetos transicionais e fenômenos transicionais [1951]. *In*: *Da pediatria à psicanálise*. Rio de Janeiro: Imago, 1975. p. 316-331.

# PARENTALIDADE E MAL-ESTAR CONTEMPORÂNEO

# Infâncias e parentalidade: nomeações, funções e funcionamentos

● *Ilana Katz*

O senso comum parece responder muito rapidamente sobre o que é uma criança, referindo ao tempo cronológico da infância como o começo de uma vida, pensada na perspectiva do desenvolvimento e da maturação, para demonstrar, através da biologia, a diferença fundamental entre a criança e o adulto.

Porém, é importante que possamos considerar que quando estamos diante da experiência da infância, seja pelo encontro propriamente dito com a criança, seja na perspectivação do seu cuidado, há algo que escapa a essa circunscrição biológica da vida, e o entendimento que temos do que é uma criança comparece de forma mais ampla do que apenas a referência ao seu desenvolvimento.

Nesse ponto, deve-se considerar que antropologia e psicanálise convergem, para afirmar, com suas pesquisas, que as crianças respondem ao lugar que lhes reservamos na cultura e no interior das famílias que as recebem.

A antropologia, de acordo com a leitura de Cohn (2013, p. 240), compreende que "as crianças atuam em resposta, e cientes, ao modo como se pensa sua infância". A mesma autora lembra que essa resposta não é, necessariamente, a de submissão, mas, como bem formula, "as crianças atuam desde este lugar, seja para ocupá-lo, seja para expandi-lo, ou negá-lo... É a partir dele que agem ou é contra ele que agem" (p. 241).

Ao pensar a criança, a psicanálise de orientação lacaniana considera que não há sujeito que se determine à revelia da cultura na qual passa a viver, ou fora do laço social.[1] A psicanálise tem como um dos princípios de ordenação da sua compreensão de sujeito a ideia de que as famílias, ao se organizarem com os seus filhos, designam a estes um lugar simbólico, determinado pelos termos daquele encontro singular, e ao qual as crianças vão responder com a mesma variação apontada pela pesquisa antropológica: afirmando, recusando e, necessariamente, transformando.

### Infâncias como questão para a psicanálise

As concepções de infância tecidas hoje, além de apresentarem as determinações às quais as crianças respondem, são também determinantes do tipo de laço que propomos a cada uma e do estabelecimento de cuidado com elas, nos diferentes contextos que habitam. Não há política pública, cuidado em saúde ou em educação, tampouco há proposição de qualquer sistema de garantia de direitos a essa população que se institua sem formular uma concepção de infância.

A infância é, como tudo aquilo que podemos definir, uma invenção que responde aos determinantes políticos e econômicos da transformação social de uma época,[2] e essa condição está na raiz da compreensão do que é uma criança e do que devemos lhe oferecer como cuidado nos âmbitos familiar, social e estatal.

É nesse sentido que, no Brasil, tendo em vista a cultura e os fatores sociopolíticos que a tecem, estamos diante da impossibilidade ética de considerar que a experiência da infância seja única e praticada da mesma forma em todo e qualquer contexto. Essa ideia não concorre com o fato incontornável de que cada criança constrói sua experiência, singular, no interior de sua família. Com isso, e sem desviar disso, é ainda fundamental considerar que a diversidade da experiência humana é decidida na articulação de múltiplos fatores, e, se as diferenças

---

[1] A esse respeito, ver Soler (2018, p. 26).

[2] A esse respeito ver: Hansen (2006).

culturais são incontornáveis na experiência da infância, isso se relaciona com o fato de as diferenças sociais, no interior de uma mesma cultura, também o serem.

Ainda que alguns sugiram que as diferenças sociais devem ser enfrentadas por disposição de mérito, como propõe o pensamento neoliberal, pesquisas em instituições reconhecidas nacional e internacionalmente trazem dados diferentes e questionam tais impressões.

O *Atlas da violência* (IPEA; FBSP, 2019) demonstra como as diferenças sociais, perversamente articuladas à raça, constituem a vulnerabilidade de determinadas populações. O *Relatório de progresso dos direitos das crianças no Brasil* (PAES; ROCHA, 2019) soma-se ao primeiro documento para apontar os efeitos violentos que tais diferenças imprimem sobre a experiência das crianças, hoje.

O boletim *Direito à Segurança Pública na Maré*[3] apresenta dados alarmantes, que traduzem a desigualdade em números: em 2019, devido a operações policiais na região, as escolas da Maré ficaram fechadas por 23 dias. Isso equivale a nada menos do que um mês letivo inteiro sem aula.

O que constatamos é que, se a escola é, na cultura na qual vivemos, o lugar das crianças, esse lugar não está garantido para todas da mesma maneira. Participamos de uma organização social em que algumas crianças têm acesso a direitos fundamentais, e outras não têm garantia nenhuma.

*A divisão de classes atravessa o tema da infância* e afirma que nossa época não tem *uma* infância característica. A diferença não está na designação de faixa etária, de tempo de crescimento, de maturidade biológica, ou mesmo na condição de estudante/aprendiz. A diferença está marcada na geografia, mas também não é geográfica. A questão é territorial.[4]

---

[3] Disponível em: https://bit.ly/3gQEw7Q. Acesso em: 25 abr. 2021.

[4] O território, nessa concepção, é um conceito que materializa as articulações estruturais e conjunturais a que os indivíduos ou os grupos sociais estão submetidos em um determinado tempo histórico, tornando-se intimamente correlacionado ao contexto e ao modo de produção vigente (GONDIM; MONKEN, [s.d.]).

Nesse sentido, torna-se necessário que a diversidade cultural e a diversidade social sejam marcadas no significante que nomeia a experiência. O termo cunhado, preciso e justo, é *infâncias*. A antropologia da infância há muito tempo trabalha a partir dessa perspectiva.[5] O que está suportado no significante "infâncias" é fundamental para entendermos e agirmos em nosso momento histórico. Infâncias, enquanto conceito e como proposição, problematiza essa nossa fantasia de que, como sociedade organizada e regulada, protegemos *todas* as crianças e lhes conferimos "prioridade absoluta".[6]

Desde 1927, com o Código Mello Matos (BRASIL, 1927), e sob a doutrina da situação irregular, trancamos nas instituições os filhos das famílias pobres. O Estatuto da Criança e do Adolescente (ECA – BRASIL, 1990) não conseguiu ainda concluir sua tarefa de conferir a todas as crianças e adolescentes a condição de cidadania. Ainda que a doutrina da situação irregular tenha sido ultrapassada na pena da lei e dado lugar à doutrina da proteção integral (BRASIL, 1988, título VIII, cap. VII, art. 227), inventamos outros tipos de encarceramento da infância.[7]

A institucionalização perversa da categoria "matável" não deixa a infância de fora. Sim, vivemos em um país em que crianças são matáveis, porque a nossa submissão à divisão de classes e aos marcadores sociais de raça e cor não permite que *todas* as crianças sejam prioridade absoluta, como quer a constituição cidadã.

A base fundante da ideia da infância como prioridade absoluta é a sua associação, quase instantânea, com o futuro e com certa possibilidade de perspectivação da vida. Porém, esse gesto coloca em jogo alguns aspectos sobre o lugar da criança, que merecem ser observados.

---

[5] A esse respeito, ver Fonseca; Cardarello (1999); Rizini; Neumann; Cisneros (2009).

[6] Prioridade absoluta é um princípio jurídico que determina a primazia de atenção (nos serviços públicos, na formulação de políticas e na destinação de recursos) para as crianças e adolescentes no Brasil. Ver Silveira (2014).

[7] Isadora Simões Souza instrui e aprofunda essa discussão em sua dissertação de mestrado (SOUZA, 2017).

## Criança-futuro

A ligação entre infância e futuro tem como efeito o investimento nas crianças como continuidade e, portanto, está imersa na condição narcísica dos adultos que as tomam. "Criança-futuro", porém, é uma associação que não resiste diante da realidade da infância "matável": crianças deixam de ser o futuro quando nem todas as crianças cabem nesse futuro. Muitas delas, em uma experiência tão factual quanto contraintuitiva, são, elas também, *homo sacer*. E que futuro há para o *homo sacer*?

Foi Giorgio Agamben (2014), filósofo italiano, quem recuperou, em 1995, o conceito de *homo sacer*, que vem do direito romano e tem complexos desdobramentos na ciência política e no pensamento contemporâneo. Não apenas o *homo sacer* é matável, mas, adicionalmente, quem o mata não pode receber qualquer sanção. É possível matá-lo e permanecer inimputável.

Crianças a quem a sociedade atribui a categoria de *homo sacer* são as "crianças *sacer*", porque vivem uma experiência de infância que Primo Levi ([1953] 1998) encontrou em Auschwitz[8] e que causou a sua morte cerca de 40 anos depois. A infância referida ao *homo sacer* não pode ser associada ao futuro e não se oferece à perspectivação da vida, porque *não há futuro quando não há indeterminação*. Os que sabem como morrem não têm direito a viver a indeterminação da vida. E sim, essas pessoas também são crianças.

## "Não têm infância"

Para driblar esse imenso problema político e social, é bastante comum que se diga, com consternação, que as crianças em situação de vulnerabilidade *"não têm infância"*. Trata-se de uma torção discursiva que tem efeitos muito imediatos na experiência da e com a criança, e que, por isso, precisa ser enfrentada.

---

[8] A esse respeito, ver também Yad Vashem, o Memorial das Crianças: https://bit.ly/3nBGf2f.

A reserva do significante "infância" para nomear apenas a infância que confirma os ideais de cada época proporciona a instituição de um engodo e contribui para manter de pé a ficção de que protegemos *todas* as crianças. Por essa razão, torna-se urgente afirmar que *essas* crianças têm, sim, infância, mas em um país que distingue diferentes *infâncias*.

O ideal narcísico da infância idílica caminha junto com o imaginário romântico da criança protegida, pura, cuidada e obrigatoriamente amada; serve mais para salvar os seus adultos de sua particular relação com a infância do que para atribuir proteção e cuidado para *todas* as crianças. Fausto Salvadori (2019, [s.d.]), em reportagem para a *Ponte Jornalismo*, formula, com precisão, os termos dessa disputa: "No Brasil, ser criança é meritocracia. Ser criança é coisa de branco".

Erica Burman (2019), pesquisadora inglesa, já bastante esclarecida sobre a importância de considerar a construção política e social da ideia de infância, sugere que tomemos a "criança como método". Essa operação sustenta-se na hipótese de que, ao dizer sobre a criança, aquele que diz apresenta-se.

Ian Hacking (2009, p. 33), filósofo da ciência, compreendeu que "nossa ideia do que é uma criança tem sido moldada por uma teoria científica do desenvolvimento. Ela molda nosso corpo de práticas de criação de crianças hoje, e por sua vez, molda nosso conceito de criança".

Com tais elementos, entendo que, ao revelar a ideia que tem sobre a infância, aquele que fala enuncia sua posição no laço social. E, nesse sentido, a análise das práticas de cuidado propostas às infâncias hoje, no Brasil e no mundo, deve considerar o problema ético que se institui quando se entende como única a experiência de *todas* as crianças, porque, repito mais uma vez, esse entendimento se articula a certo ideal social de infância.

### Crianças, infâncias e psicanálise

Ainda que criança e infância não sejam conceitos próprios à teoria da psicanálise, entendo que essa questão concerne ao psicanalista. Concerne pois o psicanalista pode contribuir com a discussão considerando o saber construído em sua clínica e o conhecimento produzido na pesquisa. Mas, muito especialmente, a questão concerne ao psicanalista, que,

em seu fazer, não pode e não deve desviar de se situar na experiência analítica a partir da relação com o tempo em que vive.

Na condição de psicanalistas que trabalhamos com crianças, se nos mantivermos alheios à construção da ideia de infâncias proposta e sustentada pela antropologia e pela ciência política, não estaremos em condição de escutar as crianças. Não escutaremos as crianças *matáveis*, que desafiam o ideal e ocupam sua infância cercadas por outros determinantes e articulações. E não escutaremos as crianças que, distantes dessa condição, sofrem outros efeitos da época, como o fenômeno bastante grave do "emparedamento da infância", e que implica a alarmante restrição de circulação das crianças nos espaços públicos. As experiências não estão isoladas, e por isso cabe considerar que as crianças matáveis e as crianças superprotegidas (trancafiadas nos ambientes com sistemas de segurança) explicitam, na oposição de atribuição de valor a suas vidas, o adoecimento e as formas de laço da atualidade, a que todos estamos submetidos.

A questão é que toda e qualquer infância se realiza na experiência política da ocupação das cidades. O lugar atribuído à alteridade e os tratamentos que imprimimos na lida com o outro são, necessariamente, decisões políticas que afetam as infâncias e que decidem a vida das crianças. De todas as crianças, e de cada uma que pretendemos escutar.[9]

## "Criança não sabe o que diz"

O modo de dizer a criança, na nossa cultura, afirma que ela, a criança, não sabe e não conhece, que não sabe de si, porque ainda não

---

[9] A questão fundamental que aqui nos interessa é que, sob a perspectiva dessa teoria, para que essa operação clínica seja possível, o analista precisa se deixar atravessar pelo léxico particular daquele que fala, estar atento aos seus termos, aos seus sentidos, e aberto aos seus não sentidos. A clínica psicanalítica propõe a radicalidade de que o analista intencione sua dessubjetivação (LACAN, 1975; SOLER, 2001), ou seja, procure o esvaziamento de si, de seus conceitos sobre o viver, de sua moralidade, do seu desejo de que aquele que fala cuide da própria vida de acordo com o ideal da pessoa do analista. Sob esses termos, a escuta é, para o psicanalista, uma exigência ética. É assim que o analista trabalha: sob uma demanda de tratamento, faz com a escuta um lugar. É desde esse lugar que o sujeito toma a direção da transformação de sua experiência (DUNKER, 2017).

conhece a cultura. Essa hipótese tem efeitos perigosos, como o de que a disciplina de cuidado com a infância, no mais das vezes, imponha-se pela via da tutela. Ninguém, nenhum clínico e nenhum psicanalista, está blindado dessa construção cultural. A fragilidade dessa crença será discutida adiante, mas, aqui, interessa perguntar: como seria possível escutar alguém que não supomos saber de si? Como escutar o sujeito, se nos encarregamos exclusivamente da sua tutela? Ou, em termos mais específicos: como escutar alguém cujo caminho certo a cumprir já sabemos de antemão?

Essa crença não permite que estejamos livres, no exercício de qualquer função na relação com a criança – seja a de pai, mãe, educador, médico ou analista – não estamos livres dos preconceitos e do entendimento de que uma criança, para se dizer, precisa que um adulto a ampare.

Sim, um analista também precisa enfrentar o que está posto na construção *"crianças não sabem o que dizem"*, ou não sabem o suficiente para se dizerem sem tutela.

Rosine Lefort (1991) foi uma importante psicanalista francesa, que trabalhou com crianças institucionalizadas no período após a Segunda Guerra Mundial. Atendeu as crianças que, como registro de sua história, contavam com uma ficha de cadastro com alguns dados sobre si e sua condição de institucionalização. Ao se dispor à clínica, sem familiar ou cuidador que pudesse falar pela criança ou de sua história, Rosine as escutou, e foi assim que compreendeu que "a criança é um analisante de pleno direito". Com essa formulação sobre a condição de analisante de uma criança, Rosine afirma que as crianças, em sua condição de sujeito, podem dizer de si, com ou sem palavras, e enunciar sua particular relação com o saber, a verdade e o gozo. Falando sobre a clínica e escutando as crianças, demonstra que uma concepção de infância que retira da criança a relação de possibilidade com o saber contamina a noção de sujeito da própria psicanálise e, com isso, fragiliza a condição de realização da clínica. Evidentemente, essa é uma articulação decisiva no campo da psicanálise com crianças, mas não é importante só no interior desse campo. É uma importante contribuição da psicanálise para o pensamento sobre a infância e nos ensina a todos: uma criança sabe o que diz de si e do mundo que habita, para quem puder escutar.

Nesse sentido, é ainda necessário compreender a resistência que age contra a sustentação de uma concepção de infância, dentro e fora da psicanálise, que dê lugar a uma específica relação da criança com o saber (o saber sobre si e também sobre o mundo que habita). Dito de outro modo: se o argumento que torna possível desconsiderar o saber da criança sobre a vida se justifica na ideia de que ela ainda não adquiriu conhecimento sobre a realidade das coisas, das relações e da cultura de forma geral, devemos enfrentar a discussão com uma pergunta direta sobre o estatuto do saber na infância: haveria alguma particularidade na relação da criança com o saber?

## A criança, o sujeito e o saber

Didier-Weill (1997, p. 17), psicanalista, considera que a criança mantém uma relação com o saber que difere da do adulto, o que não quer dizer que ela não saiba, mas sim que o saber, no tempo da infância, produz-se em outras bases e com outros elementos. Esse recurso diferente é, para ele, a experiência subjetiva do espanto: "a experimentação de um acontecimento súbito, que detém o poder de introduzir, na continuidade do saber, a hiância súbita de uma descontinuidade". Essa capacidade, que o adulto eventualmente reencontra na relação com o esporte e com a arte, a criança tem diante da vida. E é nesse modo de se relacionar com a experiência, suportando hiância e descontinuidade, que a criança se relaciona com o saber.[10]

Na música "Amora", do álbum *Sobre crianças, quadris, pesadelos e lições de casa...*, de 2015, Emicida conta uma conversa com sua filha: era uma cena trivial, eles colhiam amoras, e ele conta para a filha que *prefere as pretinhas*, mais doces. A menina diz o espanto: "Papai, que bom! Porque *eu sou pretinha também*". Ele, poeta espantado, apreende: "a doçura das frutinhas sabor acalanto fez a criança alcançar sozinha a conclusão". O saber que a experiência do espanto torna acessível à

---

[10] Vale dizer que é "sinal dos tempos" que, ainda no tempo da infância, o sujeito desista de se espantar para responder imaginariamente ao empuxo do ideal de eficiência da época.

criança é, para seu pai, a conclusão sábia que comoveria Luther King, que justificaria Zumbi, é uma história que Malcolm X contaria aos amigos. Um saber que virou o livro *Amoras*. Quatro anos mais tarde, no álbum *Amarelo*, outra cena: o mesmo Emicida ri de si, diante de outra filha. Ela balança o chocalho, ele tenta imprimir mais força no movimento da menina, engrossa a voz para pedir, mas a bebê só gargalha. A criança, às gargalhadas, joga com os significantes do rapper, o saber circula entre pai e filha e gira o sujeito na cena, um adulto que pode escutar.[11]

Didier-Weill adverte que a relação particular com o saber que o sujeito produz no tempo da infância não se baseia em uma suposta inocência, que, aliás, apenas corroboraria a ideia de que o saber da criança não vale nada. Ao contrário, o que ele propõe é que "para além de sua inocência quanto ao saber, a criança é menos inocente que o adulto perante o real" (DIDIER-WEILL, 1997, p. 27). Ou seja, o espanto como acontecimento revela que, para o sujeito, o saber se produz, nos tempos da infância e da vida adulta, com diferentes níveis de acesso aos registros da experiência humana. A criança sabe sobre si e sobre o mundo que habita suportando as descontinuidades e as hiâncias que os adultos suturam com muitos recursos, e entre eles está uma específica relação com o conhecimento.

Essa é uma discussão crucial no interior da teoria, da pesquisa e da clínica da psicanálise. É importante porque permite compreender que, na infância, *a diferença de produção, acesso e relação ao saber não significa falta de saber, mas, ao contrário, é um modo de relação com a falta que acessa outros registros da experiência.* Não é ingenuidade, tampouco inocência, como o senso comum faz crer. É efeito de uma abertura ao Real.

Com isso, aprendemos que a psicanálise pode formular uma diferença fundamental entre o tempo da infância e a vida adulta, a partir dos modos de operar com os três registros da experiência referidos por Lacan: o Real, o Simbólico e o Imaginário. Dessa forma, a teoria lacaniana permite que avancemos sobre a velha discussão no campo da psicanálise de que a diferença entre a criança e o adulto se instituiria pelo alcance de determinada fase de desenvolvimento da libido e de que

---

[11] Ver aqui: https://spoti.fi/3t4KS5V.

o infantil, como conceito proposto por Freud ([1905] 1996), pudesse ser, digamos assim, "superado".

Para avançar sobre o objetivo da presente discussão, consideramos que o reconhecimento do estatuto do saber na infância é uma importante contribuição da psicanálise ao debate sobre as infâncias, no sentido em que corrobora a importância fundamental de escutar as crianças e o que dizem de sua relação com a experiência. É o que permite afirmar que as crianças da Maré têm a condição e a possibilidade de escrever cartas e endereçá-las ao Tribunal de Justiça do Rio de Janeiro,[12] para dizer, objetiva e subjetivamente, sobre o que é viver uma experiência de violação de direitos. É também o que permite ao adulto acompanhar, em todo e qualquer contexto (clínico, mas não só), a fala das crianças sobre sua experiência e prestar atenção aos acessos que seu saber pode proporcionar sobre a vida que vivemos.

## Como o sujeito responde à criança

O enfrentamento de certa naturalização da infância confronta o achatamento da noção de sujeito presente na concepção biológica da infância, afinal, muito embora a perspectiva da maturação e do desenvolvimento esteja colocada para a criança, não é o sujeito que se desenvolve. O enfrentamento da ideia da criança como ser exclusivamente biológico tem também outro efeito significativo, pois mantém a tensão constituinte entre sujeito e época para afirmar, mais uma vez, que o sujeito não acontece fora do laço social.

Desse modo, é possível concluir que o sujeito que responde ao lugar que lhe é reservado no laço social, na infância, responde também ao lugar que é reservado à criança. Nessa perspectiva, "criança" é o significante que conjuga os termos do desenvolvimento e as determinações da época.[13] "Criança" é, portanto, o significante que comporta as variações de

---

[12] Para ler as cartas: https://bit.ly/2R8GCVZ.

[13] Cabe lembrar ainda que as determinações biológicas do desenvolvimento, por sua vez, também guardam efeitos da época, no sentido de que seu valor é decidido socialmente. Essa é uma discussão fundamental, enfrentada pelo campo da deficiência,

experiência em relação ao tempo de desenvolvimento e às possibilidades do corpo. Comporta, também, as diferenças de cultura e os efeitos da divisão de classes no interior de uma mesma cultura.

Assim, nesses termos, as concepções de infância, quando articuladas à noção de sujeito e à ideia de criança, permitem afirmar que, *no tempo da infância, o sujeito precisa lidar com a criança.*

É nessa lida, portanto, que o sujeito responde ao lugar que lhe é atribuído: recusa, confirma, transforma. O que torna possível a realização de todas essas possibilidades é que ele não fica reduzido ao lugar que lhe é designado, porque não se reduz aos significantes que vêm do Outro. O sujeito é, ele mesmo, uma resposta à sua experiência: acontece como uma resposta do real ao significante. O que está em jogo, por fim, é que cada sujeito lida de uma forma com o que o significante "criança" designa, pois se trata sempre de uma maneira singular de se relacionar com o discurso social.

## Parentalidade, função e funcionamento

É fundamental considerar a articulação realizada em torno da ideia de infâncias com a ideia de família que conjugamos. Clarice Cohn (2013, p. 16), antropóloga, chama a atenção para o fato de que "uma concepção de infância se faz sempre acompanhar de um ideal de família e de normalidade". Colete Soler (2018, p. 26), psicanalista, considera os efeitos dessa construção sobre o sujeito: "A lógica coletiva, própria a um discurso, não vou dizer que ela determina, mas sim que ela domina as lógicas individuais, fixando sua estrutura e a extensão de suas possíveis variações". É nesse sentido que podemos considerar que o funcionamento dessa lógica institui normatividades, às quais respondemos singular e coletivamente. E é nessa direção também que mantemos aberta a pergunta sobre a incidência da formulação acerca das infâncias no entendimento que sustentamos a respeito da família.

---

que nos interessa, mas não será realizada nesse artigo. Para conhecer o debate, ver Angelucci (2014).

Na atualidade, as mudanças que estão em curso no interior das famílias foram acolhidas no significante "*parentalidade*". Daniela Teperman (2020, p. 91), psicanalista, explica que "parentalidade segue essa tendência ao nomear e legitimar – via discurso jurídico – laços familiares antes inexistentes e não regidos por vínculos biológicos, como os que se evidenciam nas novas configurações familiares".

A autora sugere que a *parentalidade*, como proposição ousada de que a concepção de família pudesse abarcar todas as configurações já em curso na época, deixou-se curto-circuitar por uma outra ideia presente no discurso social e forçou a compreensão de que, independentemente das configurações em jogo, em nenhum funcionamento familiar haveria falta do que está fora da sua organização. Sugiro o termo "curto-circuito" para situar esse acontecimento abordado pela psicanalista, pois aquilo que compareceu para dizer da diversidade e da possibilidade humana de se arranjar a partir do que falta assumiu a possibilidade de dizer também que os atos e gestos humanos teriam o recurso de se fechar em si e se completar, sem falta e sem resto. Institui-se, como efeito, uma normatividade outra: se nada falta em nenhum cenário, é tudo igual e não há diferença.

A indiferenciação, conjugada pelo que Christian Dunker (2018) referiu como "narcisismo das grandes semelhanças" para discutir os mecanismos identitários, interroga aos psicanalistas, pois obstaculiza a relação do sujeito à singularidade.

Ainda assim, e considerando que o termo "parentalidade", quando curto-circuitado, assume uma função normativa, considero interessante escutar um aspecto relevante no qual esse mesmo termo nos desafia como psicanalistas, e em relação à criança.

Há, na proposição da parentalidade como nome, um esforço discursivo de fazer lugar para famílias que, até poderem ali se alojar, encontravam dificuldades importantes de legitimação de suas formas de laço e de seu funcionamento. Como formulou Teperman, a psicanálise lacaniana colaborou com essa construção, porque propôs em sua teoria e sua clínica a compreensão de que as funções parentais que operam em uma família não se efetivam por consanguinidade.

O que permite essa afirmação é a ideia exata de que isso que aprendemos a chamar de pai ou de mãe, no que tange à instalação da

subjetividade no bebê, realiza-se como função. Ao propor tal entendimento, Lacan separa as funções parentais da pessoa e do papel do pai ou da mãe. Com isso, demonstra quais são as operações estruturantes para o sujeito que entram em jogo nos funcionamentos familiares e permite, por fim, que se observe que o que sustenta a operação da função parental na constituição do sujeito não está inteiramente condicionado pela configuração familiar.

A tais funções Lacan deu o nome de "materna" e "paterna". Tal modo de se referir aos operadores da estruturação tem produzido ruídos significativos na relação da psicanálise com outros campos do conhecimento. Interessante notar, inclusive, que aquilo que contribuiu para a instituição do termo "parentalidade" é agora, de certa forma, e dependendo do modo de compreender a própria parentalidade, questionado. Entendo que essa discussão nos oferece uma oportunidade de retornar ao ensino de Lacan.

As operações constituintes do sujeito são bastante complexas, mas, para o que aqui nos interessa discutir, consideremos que estas se apoiam em duas funções principais (duas funções, não exatamente duas pessoas), chamadas por Lacan de função (materna) e função (paterna). No cruzamento entre essas funções, caberia ao agente da função (materna), no exercício dos cuidados com a criança, implicá-la na vida pela marca de seu interesse particularizado, o que ocorre, no encontro com a criança, pela incidência de um desejo que a capture, e que não seja anônimo. À função (paterna) caberia incidir sobre essa primeira operação, de modo a limitar o acesso do agente da função (materna) à criança como sua continuidade narcísica. O agente da função (paterna) opera de modo a articular desejo e lei (Lacan, 2003), e incide ali, também, a partir de seus termos, que, também aqui, não devem ser genéricos ou anônimos.

O exercício dessas duas funções, é preciso lembrar disso quando discutimos a ideia de parentalidade, ordena-se em relação à operação do desejo, que está na causa dessa construção toda: referimo-nos anteriormente ao movimento da função (materna) de que o bebê humano, para se constituir, deve ser envolvido por um desejo que não seja anônimo. Quando consideramos o desejo, referimo-nos necessariamente à falta que funda sua possibilidade (ou seria possível ligar o motor do desejo diante

do que já está?). Nesse sentido, a ideia de que em todas as parentalidades nada falta é um contrassenso em termos da operacionalização das funções parentais, que se instalam, como dissemos, a partir do que não está.

Como se pode rapidamente compreender nessa curta referência à "Nota sobre a criança" de Lacan (2003), não há na função nenhum condicionante de sua realização que se conecte a atributos imaginários dos seus agentes. Interessa, principalmente, que as funções chamadas de materna e paterna sejam encarnadas a partir do interesse particular de cada um de seus agentes pela criança, e além dela.

O estabelecimento desses nomes, "materna" e "paterna", porém, precisa, por um lado, considerar que a psicanálise orientada pelo ensino de Lacan sempre entendeu que pai e mãe são semblantes. E o uso desses termos precisa, por outro lado, considerar que não se universaliza mais sob os termos "pai" e "mãe" o que se imaginarizou, com esses nomes, no século XX.

Ian Haking (2002, p. 39) compreendeu que "o universal não é atemporal, mas histórico, e ele e seus casos particulares [...] são formados e alterados na medida em que o universal emerge". Nesse sentido, o tensionamento entre o universal e os casos particulares interessa ao analista como terreno de elaboração de alguma resposta do lado do sujeito, e jamais como valor moral ou adequação ao ideário da época.

A questão é que, no âmbito estrito da teoria lacaniana, sustenta-se que os conceitos de "materno" ou "paterno", remetidos à função, excedem, como $f(x)$, o imaginário relativo à nomeação. É o que nos importa, é o que nos permite escutar e acompanhar os movimentos do sujeito e das famílias sem as atribuições imaginárias que se ligam ao conceito. É essa a contribuição que Teperman localiza quando se refere à construção da noção de parentalidade.

## Infâncias e parentalidade

Ainda que a proposição do plural para dizer tanto das infâncias quanto das diversas formas de laço familiar não incida sobre o mesmo ponto do discurso sobre a criança e família, é possível calcular que encontram causas comuns.

Mais do que incluir a diversidade e a variedade da experiência humana nos descritores da sua experiência (o que já seria grande coisa), esses termos referem a modos de vida e nomeiam formas de laço que, se não estavam postas para fora das nossas formas discursivas, podiam ser, através destas, tratadas como desvios da norma, condição de adoecimento, de subdesenvolvimento ou qualquer outra coisa que o valha.

A ideia é que possamos, como indica Barbara Casin (2019), complicar o universal. Para isso, será necessário confrontar os princípios que sustentam a possibilidade de que um determinado modelo de criança ou de família, referido a certa cultura, classe social ou configuração moral, seja parâmetro de saúde para todas as infâncias e toda parentalidade.

Com esses nomes, portanto, enfrentamos a normatização. O cuidado, agora, é que com eles não se desenhem outras normas excludentes ou patologizantes. É essa a contribuição que se realiza quando sustentamos operações discursivas na contramão da segregação.

## Referências

AGAMBEN, G. *Homo sacer: o poder soberano e a vida nua I*. Belo Horizonte: Editora UFMG, 2014.

ANGELUCCI, B. Medicalização das diferenças funcionais: continuísmos nas justificativas de uma educação especial subordinada aos diagnósticos. *Nuances: Estudos sobre Educação*, Presidente Prudente, v. 25, n. 1, p. 116-134, jan.-abr. 2014.

BRASIL. Constituição (1988). *Constituição da República Federativa do Brasil*, 1988. Brasília: Senado Federal, Centro Gráfico, 1988.

BRASIL. Decreto nº 17.943-A, de 12 de outubro de 1927. Consolida as leis de Assistência e proteção a menores. Brasília, 12 out. 1927.

BRASIL. *Lei nº 8.069*, de 13 de julho de 1990. Dispõe sobre o estatuto da criança e do adolescente e dá outras providências. Brasília, 13 jul. 1990.

BURMAN, E. *Fanon, Education, Action: Child as a Method*. London: Routledge, 2019.

COHN, C. Concepções de infância e infâncias: um estado da arte da antropologia da criança no Brasil. *Civitas: Revista de Ciências Sociais*, Porto Alegre, v. 13, n. 2, p. 221-224, 2013.

DIDIER-WEILL, A. *Os três tempos da lei: o mandamento siderante, a injunção do supereu e a inovação musical*. Rio de janeiro: Jorge Zahar, 1997.

DUNKER, C. *Reinvenção da intimidade: políticas do sofrimento cotidiano*. São Paulo: Ubu, 2018.

DUNKER, C. Teoria da Transformação em Psicanálise: da clínica a política. *Psicologia Política*, v. 17, n. 40, p. 569-588, 2017.

FONSECA, C.; CARDARELLO, A. Direitos dos mais e menos humanos. *Horizontes Antropológicos*, ano 5, n. 10, p. 83-121, 1999.

FREUD, S. Três ensaios sobre a teoria da sexualidade [1905]. *In: Um caso de histeria, Três ensaios sobre a sexualidade e outros trabalhos (1901-1905)*. Rio de Janeiro: Imago, 1996. p. 9-171. (Edição Standard Brasileira das Obras Psicológicas Completas de Sigmund Freud, VII).

GONDIM, G. M. M.; MONKEN, M. Territorialização em saúde. [s.d.]. Disponível em: https://bit.ly/3eKIlJ9. Acesso em: 25 abr. 2021.

HACKING, I. *Ontologia histórica* [2002]. Porto Alegre: Unisinos, 2009.

HANSEN, L. A invenção da criança. *Revista Mente e Cérebro*, Rio de Janeiro, v. 4, p. 74-81, 2006. Número Especial: A mente do bebê – o fascinante processo de formação do cérebro e da personalidade.

INSTITUTO DE PESQUISA ECONÔMICA APLICADA (IPEA); FÓRUM BRASILEIRO DE SEGURANÇA PÚBLICA (FBSP). *Atlas da violência no Brasil.* Brasília; Rio de Janeiro; São Paulo: Instituto de Pesquisa Econômica Aplicada; Fórum Brasileiro de Segurança Pública, 2019.

LACAN, J. Nota sobre a criança [1969]. *In: Outros escritos*. Rio de janeiro: Jorge Zahar, 2003. p. 369-370.

LACAN, J. Sobre el passe, in Ornicar? 1, Espanha, 1975, 1981. Disponível em: http://psicoanalisis.org/lacan/passe-b.htm. Acesso em: 20 maio 2021.

LEFORT, R & R. Introdução à Jornada de Estudos do CEREDA. *In:* MILLER, J. (Org.). *A criança no discurso analítico*. Rio de Janeiro: Jorge Zahar, 1991.

LEVI, P. *É isso um homem?* [1953]. Rio de janeiro: Rocco, 1998.

PAES, F. J. G.; ROCHA, S. E. M. (Coords.). *Child Rights Now! Relatório de progresso dos direitos da criança no Brasil.* 2019. Disponível em: https://bit.ly/3aSjNNg. Acesso em: 25 abr. 2021.

RIZINI, I.; NEUMANN, M.; CISNEROS, A. Estudos contemporâneos sobre a infância e paradigmas de direitos: reflexões com base nas vozes de crianças e adolescentes em situação de rua no Rio de Janeiro. *O Social em Questão: Revista do Programa de Pós-Graduação em Serviço Social da PUC/RJ*, Rio de Janeiro, n. 21, p. 1-13, 2009.

SALVADORI, F. No país em que ser criança é coisa de branco. *Combate Racismo Ambiental*, 29 set. 2019. Disponível em: https://bit.ly/3uatZIr. Acesso em: 25 abr. 2021.

SILVEIRA, M. A discricionariedade da Administração Pública diante do princípio da prioridade absoluta do direito da criança e do adolescente. *Jus.com.br*, maio 2014. Disponível em: https://bit.ly/3aN1R6w. Acesso em: 25 abr. 2021.

SOLER, C. *O que resta da infância*. São Paulo: Escuta, 2018.

SOUZA, I. S. *Determinantes da institucionalização de crianças e adolescentes em tempos da doutrina da proteção integral.* 2017. Dissertação (Mestrado em Saúde Mental Internacional) – Faculdade de Ciências Médicas, Universidade Nova de Lisboa, Lisboa, 2017.

TEPERMAN, D. Parentalidade para todos, não sem a família de cada um. *In*: TEPERMAN, D.; GARRAFA, T.; IACONELLI, V. (Orgs.). *Parentalidade*. Belo Horizonte: Autêntica, 2020. p. 89-105. (Coleção Parentalidade & Psicanálise).

# INTERLOCUÇÕES

# Estado suicidário, fascismo e problemas no uso político do conceito de pulsão de morte

● *Vladimir Safatle*

> *La vie est un minotaure,*
> *elle dévore l'organisme.*
>
> Buffon

## Gozar do sacrifício de si

Na longa e dispersa tradição dos autores que se dedicaram a descrever a economia libidinal do fascismo, há ao menos um ponto surpreendente de convergência. É provável que ele tenha sido formulado pela primeira vez por Theodor Adorno, já em 1946. Voltemos à conclusão de seu texto "Antissemitismo e propaganda fascista":

> Nesse ponto, deve-se prestar atenção à destrutividade como o fundamento psicológico do espírito fascista [...] Não é acidental que todos os agitadores fascistas insistam na iminência de catástrofes de alguma espécie. Enquanto advertem de perigos iminentes, eles e seus seguidores se excitam com a ideia da ruína inevitável sem sequer diferenciar claramente entre a destruição de seus inimigos e de si mesmos [...] Este é o sonho do agitador: uma união do horrível e do maravilhoso, um delírio de aniquilação mascarado como salvação (ADORNO, 2015, p. 152).

Ou seja, trata-se de falar da destrutividade como "fundamento psicológico" do fascismo, e não apenas como característica de dinâmicas imanentes de lutas sociais e processos de conquista. Pois, se fosse questão apenas de descrever a violência da conquista e da perpetuação do poder, seria difícil compreender como se chega a esse ponto em que não seria sequer possível diferenciar claramente entre a destruição de seus inimigos e de si mesmos, entre a aniquilação e a salvação. Para dar conta da singularidade desse fato, Adorno falará, décadas depois, de um "desejo de catástrofe", de "fantasias de fim de mundo" que ressoam socialmente estruturas típicas de delírios paranoicos (ADORNO, 2019, p. 26).[1]

Colocações como essas de Adorno visam expor a singularidade dos padrões de violência no fascismo. Pois não se trata apenas da generalização da lógica de milícias dirigidas contra grupos vulneráveis, lógica através da qual o poder estatal se apoia em uma estrutura paraestatal controlada por grupos armados. Também não se trata apenas de levar sujeitos a acreditarem que a impotência da vida ordinária e da espoliação constante será vencida através da força individual de quem enfim tem o direito de tomar para si a produção autorizada da violência. A esse respeito, sabemos como o fascismo oferece certa forma de liberdade, ele sempre se construiu a partir da vampirização da revolta.[2] Nem se trata de junção entre indiferença e violência extrema contra grupos historicamente violentados. Essa articulação não precisou esperar o fascismo para aparecer, mas está presente em todos os países de tradição colonial, com suas tecnologias de destruição sistemática de populações.[3]

No entanto, se Adorno fala de "fundamentação psicológica", é porque se faz necessário compreender a violência, principalmente, como

---

[1] Adorno e Horkheimer já haviam insistido no fascismo como patologia social de cunho paranoico em *Dialética do esclarecimento* (ADORNO; HORKHEIMER, 1992).

[2] "A rebelião contra a leis institucionalizadas transforma-se em ausência de lei e autorização da força bruta a serviço dos poderes estabelecidos" (HORKHEIMER, 2007, p. 81).

[3] Não por acaso, tecnologias de gestão da violência social, como campos de concentração e segregação, foram desenvolvidas, inicialmente, em situações coloniais. Ver, por exemplo, Roubinek (2016).

dispositivo de mutação psíquica. Uma mutação que teria como eixo de desenvolvimento certa generalização da destrutividade às formas de relação a si, ao outro e ao mundo. Nesse horizonte, a psicologia é chamada para quebrar a ilusão econômica dos indivíduos como agentes maximizadores de interesses. Ao contrário, seria necessário não ignorar investimentos libidinais em processos nos quais os indivíduos claramente investem contra seus interesses mais imediatos de autopreservação.

Esse diagnóstico de uma corrida em direção ao autossacrifício, em um processo no qual a figura do *Estado protetor* parece dar lugar a uma espécie de *Estado predador* que se volta inclusive contra si mesmo,[4] Estado animado pela dinâmica irrefreável de autodestruição de si e da própria vida social, não era exclusivo dos frankfurtianos. Ele podia ser encontrado também nas análises de Hannah Arendt. Basta lembrarmos como, em 1951, Arendt (2013, p. 434) falava do fato espantoso de que aqueles que aderiam ao fascismo não vacilavam mesmo quando eles próprios se tornavam vítimas, mesmo quando o monstro começava a devorar seus próprios filhos.

Esses autores eram sensíveis, entre outros, ao fato de a guerra fascista não ter sido uma guerra de conquista e estabilização. Ela não tinha como parar, dando-nos a impressão de estarmos diante de um "movimento perpétuo, sem objeto nem alvo", cujos impasses só levavam a uma aceleração cada vez maior. Arendt (2013, p. 434) falará da "essência dos movimentos totalitários que só podem permanecer no poder enquanto estiverem em movimento e transmitirem movimento a tudo o que os rodeia". Há uma guerra ilimitada que significa a mobilização total do efetivo social, a militarização absoluta em direção a um conflito que se torna permanente.

Ainda durante a guerra, Franz Neumann fornecerá uma explicação funcional para tal dinâmica de guerra permanente. O chamado "Estado" nazista seria, na verdade, a composição heteróclita e instável de quatro grupos em conflito perpétuo por hegemonia: o partido, as forças armadas e seu alto comando aristocrata prussiano, a grande indústria e a burocracia estatal:

---

[4] Sobre a figura do "Estado predador", ver, por exemplo, Chamayou (2016).

Desprovido de toda lealdade comum e concernido apenas com a preservação de seus próprios interesses, os grupos dirigentes irão se separar tão logo o líder produtor de milagres encontre um oponente a altura. Por enquanto, cada grupo precisa do outro. As forças armadas precisam do partido porque a guerra é totalitária. As forças armadas não podem organizar a sociedade "totalmente", o que é tarefa do partido. O partido, por sua vez, precisa das forças armadas para vencer a guerra e assim estabilizar e mesmo ampliar seu poder. Ambos precisam da indústria monopolista para garantir uma expansão contínua. E todos os três precisam da burocracia para realizar a racionalidade técnica sem a qual o sistema não poderia operar. Cada grupo é soberano e autoritário, cada um é equipado com poderes legislativo, administrativo e jurídico; cada um é capaz de realizar de forma rápida e implacável os compromissos necessários entre os quatro (NEUMANN, 2009, p. 397-398).

Ou seja, apenas a continuação indefinida da guerra permitia a essa composição caótica de grupos soberanos e autoritários encontrar certa unidade e estabilidade. Não se tratava assim de uma guerra de expansão e fortalecimento do Estado, mas de uma guerra pensada como estratégia de adiamento indefinido de um Estado em rota de desagregação, de adiamento indefinido de uma ordem política em regime de colapso. E, para sustentar tal mobilização contínua, com sua exigência monstruosa de esforço e perdas incessantes, faz-se necessário que a vida social se organize sob o espectro da catástrofe, do risco constante invadindo todos os poros do corpo social e da violência cada vez maior necessária para pretensamente imunizar-se de tal risco.[5] Ou seja, a única forma de adiar a desagregação da ordem política, a fragilidade tácita da ordem,

---

[5] Daí o sentido de afirmações como essas de Goebbels: "No mundo da fatalidade absoluta no interior do qual se move Hitler, nada tem mais sentido, nem o bem nem o mal, nem o tempo nem o espaço, e o que os outros homens chamam de 'sucesso' não pode servir de critério [...] É provável que Hitler terminará em catástrofe" (*apud* HEIBER, 2013).

consistiria em gerenciar, em um movimento de flerte contínuo com o abismo, uma junção entre chamados à autodestrutividade e reiteração sistemática de heterodestrutividade.[6]

Não será por acaso que encontraremos, décadas depois, alguns analistas a sugerirem a figura do Estado fascista como um corpo social marcado por uma doença autoimune: "a condição última na qual o aparelho protetor se torna tão agressivo que se volta contra seu próprio corpo (que ele deveria proteger), levando à morte" (ESPOSITO, 2008, p. 116). A presença sistemática da tópica da proteção como imunização contra a degenerescência do corpo social seria, na verdade, expressão da consciência dos antagonismos profundos a atravessarem uma sociedade em dinâmica de radicalização de lutas de classe e de sedição revolucionária. Desde Hobbes, sabemos como o recurso à tópica da imunização contra as "doenças do corpo social" é mobilizado em situações de sublevação revolucionária.[7] Não seria diferente em uma contrarrevolução preventiva como o fascismo. Essa imunização exigirá a aceitação, por todos os atores da ordem, da militarização da sociedade e da transformação da guerra em única situação possível de produção da unidade do corpo social.

Mas, mesmo aceitando tal hipótese, há ainda ao menos um ponto não totalmente claro. Pois mesmo uma guerra infinitamente sustentada não implica necessariamente uma guinada autossacrificial. Foi para deixar ainda mais explícita essa especificidade que, décadas depois, autores como Paul Virilio (1976) cunharão o termo "Estado suicidário". Essa era uma maneira astuta de andar na contramão do discurso liberal da igualdade entre nazismo e stalinismo ao insistir na estrutura da violência como traço diferencial entre o Estado fascista e outras formas de Estados totalitários. O termo "suicidário" se mostrará frutífero porque era a maneira de lembrar como um Estado dessa natureza não deveria ser compreendido apenas como o gestor da morte para grupos específicos. Ele era o ator contínuo de sua própria catástrofe, o cultivador

---

[6] Conforme encontramos em Balibar [s.d.].

[7] Ver Thomas Hobbes sobre "as doenças da *commonwealth*" em *Leviatã*, cap. XXIX.

de sua própria explosão, o organizador de um empuxo da sociedade para fora de sua própria autorreprodução.[8] Segundo Virilio, um Estado dessa natureza se materializou de forma exemplar em um telegrama. Um telegrama que tinha número: Telegrama 71. Foi com ele que, em 1945, Adolf Hitler proclamou o destino de uma guerra então perdida. Ele dizia: "Se a guerra está perdida, que a nação pereça". Com ele, Hitler exigia que o próprio exército alemão destruísse o que restava de infraestrutura na combalida nação que via a guerra perdida. Como se esse fosse o verdadeiro objetivo final: que a nação perecesse pelas suas próprias mãos, pelas mãos do que ela mesma desencadeou.

## A política do suicídio e a pulsão de morte

A discussão sobre a natureza "suicidária" do Estado fascista será retomada no mesmo ano por Michel Foucault, em seu seminário *Em defesa da sociedade* (em uma aproximação injustificada e profundamente equivocada com a violência do socialismo real) e anos mais tarde por Gilles Deleuze e Félix Guattari, em *Mil platôs*. Diante do regime de destrutividade imanente ao fascismo e seu movimento permanente, Deleuze e Guattari irão sugerir a figura de uma máquina de guerra descontrolada que teria se apropriado do Estado, criando não exatamente um Estado totalitário preocupado com o extermínio de seus oponentes, mas um Estado suicidário incapaz de lutar pela sua própria preservação. Daí por que era o caso de afirmar:

> Há no fascismo um niilismo realizado. É que, à diferença do Estado Totalitário que se esforça por colmatar todas as linhas de fuga

---

[8] "Temos então na sociedade nazista essa coisa absolutamente extraordinária: uma sociedade que generalizou de forma absoluta o biopoder, mas que, ao mesmo tempo, generalizou o direito soberano de matar [...]. O Estado nazista tornou absolutamente coextensivo o campo de uma vida que ele administra, protege, garante biologicamente e, ao mesmo tempo, o direito soberano de matar quem quer que seja – não apenas os outros, mas os seus [...]. Temos um Estado absolutamente racista, um Estado absolutamente assassino e um Estado absolutamente suicidário" (FOUCAULT, 1997, p. 232).

possíveis, o fascismo se constrói sobre uma linha de fuga intensa, que ele transforma em linha de destruição e de abolição puras. É curioso como, desde o início, os nazis anunciaram à Alemanha o que eles trariam: ao mesmo tempo as núpcias e a morte, inclusive sua própria morte e a morte dos alemães [...] Uma máquina de guerra que tinha apenas a guerra por objeto e que preferia abolir seus próprios servos a parar a destruição (DELEUZE; GUATTARI, 1980, p. 281).

Como se vê, 30 anos depois e em uma tradição filosófica distinta, o tópico abordado inicialmente por Adorno retorna, inclusive com a lembrança da aliança entre aniquilação e salvação. Mas, ao aprofundar tal ponto, Guattari dará um passo a mais e não verá problemas em afirmar que a produção de uma linha de destruição e de uma "paixão de abolição" pura se relacionaria com "o diapasão da pulsão de morte coletiva que teria se liberado das valas da Primeira Guerra Mundial" (GUATTARI, 2012, p. 67). Isso lhe permitia afirmar que as massas teriam investido, na máquina fascista, "uma fantástica pulsão de morte coletiva" que lhes permitia abolir, em um "fantasma de catástrofe" (p. 70),[9] uma realidade que elas detestavam e para a qual a esquerda revolucionária não soube como fornecer outra resposta.

Segundo essa leitura, a esquerda nunca teria sido capaz de fornecer às massas uma real alternativa de ruptura, que passava necessariamente pela abolição do Estado, de seus processos imanentes de individuação e de suas dinâmicas disciplinares repressivas. Essa é a maneira que Guattari tem de seguir afirmações de William Reich (1996, p. 17) como "O fascismo não é, como se tende a acreditar, um movimento puramente reacionário, mas ele se apresenta como um amálgama de emoções revolucionárias e de conceitos sociais reacionários". A questão não poderia resumir-se apenas àquilo que o fascismo proíbe, mas há de se entender

---

[9] "Todas as significações fascistas reverberam em uma representação composta de amor e de morte. Eros e Tanatos se unem. Hitler e os nazistas lutavam pela morte, até mesmo pela morte da Alemanha. E as massas alemãs aceitaram segui-lo até sua própria destruição" (GUATTARI, 2012, p. 70).

aquilo que ele autoriza, o tipo de revolta a que ele dá forma, ou, ainda, a energia libidinal que ele é capaz de captar.

Isso nos lembra como há várias formas de destruir o Estado, e uma delas, a forma contrarrevolucionária própria ao fascismo, seria acelerar em direção a sua própria catástrofe, mesmo que isso custe nossas vidas. Como gostaria de mostrar mais à frente, o Estado suicidário seria capaz de fazer da revolta contra o Estado injusto, contra as autoridades que nos excluíram, o ritual de liquidação de si em nome da crença na vontade soberana e na preservação de uma liderança que deve encenar seu ritual de onipotência mesmo quando já está clara sua impotência. Desse modo, juntam-se a noção do fascismo como uma contrarrevolução preventiva e como uma forma de abolição pura e simples do Estado através da autoimolação do povo a ele vinculado.

Mas aqui poderíamos nos perguntar se a hipótese da pulsão de morte seria, afinal, o verdadeiro nome do fundamento psicológico da destrutividade fascista. O que ela poderia nos trazer? Pois isso parece inicialmente nos colocar diante da clássica tópica da pretensa destrutividade imanente da ordem humana, da hostilidade primária entre os humanos como fator permanente de ameaça à integração social.[10] Lembremos como, ao se perguntar sobre as razões da guerra, tendo em vista os impactos da Primeira Guerra, Freud de fato mobiliza o instinto de destruição, esse instinto que age no interior de cada ser vivo e se empenha em levá-lo à desintegração, em fazer a vida retroceder ao estado de matéria inanimada. Mas isso serve, no máximo, como uma explicação genérica e a-histórica das bases libidinais que podem ser mobilizadas por Estados que usam a tópica da guerra total e do extermínio como modelo de gestão social.

Nesse sentido, o risco de tal apelo à pulsão de morte parece estar no recurso a certo "núcleo metafísico" da política, com sua ideia de uma violência irredutível das relações interpessoais. No limite, e esse talvez seja o problema maior, ela tenderia a fazer de toda violência e destrutividade no interior dos conflitos políticos a expressão de uma

---

[10] Como podemos encontrar em Derrida (1995).

pulsão que seria o avesso da política. Não foram poucos os momentos em que a pulsão de morte foi chamada para preencher o papel do avesso da política, em uma fórmula que acabaria por ressuscitar certo humanismo, de cunho fortemente moralista, dos que pretensamente defendem as "forças da vida" (que significa sempre "a vida tal como hoje se configura") contra o "império da morte". Foi dessa forma que vimos, por exemplo, a pulsão de morte ser evocada como o nome do que se esconde por trás do "terrorismo internacional", das "ações diretas", entre outros.[11]

De toda forma, não é isso que encontraremos na hipótese do Estado suicidário de Deleuze e Guattari.[12] É tendo esse risco em mente que Guattari (2012, p. 52) dirá que a pulsão de morte não é uma "coisa em si", que ela só se constitui quando "saímos do terreno das intensidades desejantes para este da representação".[13] Mesmo em *Mil platôs* encontramos afirmações como: "não invocamos pulsão de morte alguma" como pretensa pulsionalidade imanente ao desejo. Essa é uma forma de afirmar que haveria uma metamorfose histórica responsável pelo advento da pulsão de morte, proposição distante da hipótese freudiana da inscrição biológica da pulsão de morte.

A insistência nessa possível metamorfose histórica específica visa, à sua maneira, liberar a tópica freudiana da autodestrutividade imanente do organismo de sua tradução imediata em política de desagregação terrorista do corpo social. Em trabalhos anteriores, Deleuze demonstrara-se consciente de que a descoberta freudiana não poderia restringir-se às formas das dinâmicas bélicas que implicam autodestruição simples. Em *Diferença e repetição,* encontrávamos, por exemplo, a ideia do instinto

---

[11] Ver, por exemplo, Roudinesco (2015) ou Enriquez (2003).

[12] Mesmo que essa seja a acusação de Land (2007).

[13] Notemos que Deleuze é mais reticente do que Guattari no uso do conceito de pulsão de morte. Tanto que afirmará: "cada vez que uma linha de fuga se transforma em linha de morte não invocamos uma pulsão interior do tipo 'instinto de morte', nós invocamos ainda um agenciamento de desejo que coloca em jogo uma máquina definível de forma objetiva ou extrínseca" (DELEUZE; PARNET, 1996, p. 171).

de morte como base pulsional para processos de despersonalização que mais se aproximavam dos impulsos estéticos de crítica da expressão egologicamente determinada. Daí a afirmação de que:

> O instinto de morte é descoberto não em relação às tendências destrutivas, não em relação à agressividade, mas em função de uma consideração direta dos fenômenos de repetição. De forma bizarra, o instinto de morte vale como princípio positivo originário para a repetição, eis seu domínio e seu sentido. Ele desempenha o papel de um princípio transcendental enquanto que o princípio de prazer é apenas psicológico (DELEUZE, 1969, p. 27).[14]

Não será por acaso que a noção de uma repetição como princípio transcendental será convocada para falar de Proust e das séries de repetições através das quais as relações afetivas se relacionam a um objeto virtual, abrindo espaço à experiência possível da pura forma do tempo. Ou, ainda, para falar de uma procura, própria à experiência estética, "determinada por sua indeterminação", ou seja, por aquilo que Maurice Blanchot (1955, p. 111), pensando na escrita de Kafka, descreve como uma negatividade extrema que, "na morte tornada possibilidade, trabalho e tempo, permite encontrar a medida do absolutamente positivo".[15] Nesse caso, outra forma de vínculo entre autodestruição e heterodestruição aparece como possível. Nesse momento, Deleuze (1969, p. 148) acredita que esse aspecto produtivo da construção

---

[14] Essa posição ainda está presente em *O anti-Édipo* "O instinto de morte é silêncio puro, transcendência pura, não dada na experiência. Esse ponto é absolutamente impressionante: é porque a morte, segundo Freud, não tem nem modelo nem experiência, que ele faz dela um princípio transcendente" (DELEUZE; GUATTARI, 1972, p. 397).

[15] É com isso em mente que devemos ler a passagem fundamental de Deleuze: "um estado de diferenças livres que não são mais submetidas à forma que lhes era dada por um Eu, que se desenvolve em uma figura que exclui minha própria coerência ao mesmo tempo em que a coerência de uma identidade qualquer. Há sempre um 'morre-se' mais profundo do que um 'eu morro'" (DELEUZE, 1969, p. 148).

146 INTERLOCUÇÕES

freudiana estaria ainda preso ao "modelo objeto de uma matéria indiferente inanimada", do qual deveríamos nos livrar. E é possivelmente a necessidade de, uma década depois, separar mais claramente a potência desse "princípio positivo originário" que levará Deleuze e Guattari (1980, p. 198) a afirmarem: "Inventam-se autodestruições que não se confundem com a pulsão de morte. Desfazer o organismo nunca foi matar-se, mas abrir o corpo a conexões que supõem todo um agenciamento, circuitos, conjunções, níveis e limiares, passagens, distribuições, intensidades, territórios e desterritorializações medidas a maneira de um agrimenso".

Podemos dizer que, dessa maneira, trata-se de operar uma separação na qual uma espécie de "matriz estética da pulsão de morte" possa ser tematizada em sua especificidade, a despeito de certa "matriz política da pulsão de morte" vinculada, originariamente, à temática dos impactos da Primeira Guerra. Separação que podemos inclusive encontrar em Jacques Lacan, quando este fala da pulsão de morte como uma "sublimação criacionista".[16] Notemos ainda como isso que podemos chamar de "matriz estética da pulsão de morte" recupera, em uma chave produtiva, a proximidade percebida por Jean Laplanche entre o caráter fragmentário e polimórfico da pulsão sexual da primeira tópica e a força de desligamento própria à pulsão de morte na segunda tópica freudiana.[17]

---

[16] "A pulsão de morte é uma sublimação criacionista, ligada ao elemento estrutural que faz com que, desde que nos relacionemos ao que quer que seja que se apresenta sob a forma da cadeia significante, há algum lugar, mas seguramente fora do mundo da natureza, o para além desta cadeia, o *ex nihilo* sobre o qual ela se funda e se articula como tal" (LACAN, 1986, p. 252).

[17] Como Laplanche (1990, p. 123) afirma: "Eros é o que procura manter, preservar e mesmo aumentar a coesão e a tendência sintética tanto do ser vivo quanto da vida psíquica. Enquanto que, desde as origens da psicanálise, a sexualidade era, por essência, hostil à ligação, princípio de 'des-ligamento' ou de desencadeamento (*Entbildung*) que só se ligava através da intervenção do Eu, o que aparece com Eros é a forma ligada e ligadora da sexualidade, colocada em evidência pela descoberta do narcisismo".

Essa matriz estética ressoa o potencial disruptivo do conceito freudiano de *Unheimlichkeit:* conceito este resultante das reflexões de Freud a respeito de certos aspectos da estética romântica. Não por acaso, o texto freudiano sobre o conceito é escrito no mesmo momento que os cinco primeiros capítulos de *Para além do princípio de prazer.*

Lembremos como, não por acaso, *Unheimlich* é inicialmente dito de fenômenos que embaralham a distinção entre o vivo e o morto, entre o animado e o inanimado (FREUD, 1995, p. 237). Fenômenos que provocam a semelhança entre o inanimado e o vivo. Freud os aborda, entre outros, através de exemplos da fascinação por duplos, que, segundo sua interpretação, portam a condição de "inquietantes mensageiros da morte" (p. 238). Ele ainda fala do desejo por repetições que provocam desamparo e inquietude. Mesmo ao descrever a compulsão de repetição em *Além do princípio de prazer,* Freud fornecerá um duplo eixo para a compreensão do fenômeno: um vinculado às neuroses de guerra, o outro ligado ao jogo infantil. Ou seja, se um eixo nos leva à destruição psíquica, o outro nos coloca diante de um processo produtivo no qual as experiências traumáticas de perda e anulação são simbolizadas de forma tal a abrir um campo novo de relacionalidade e de ação.

Ou seja, há de se lembrar que a pulsão de morte tem uma tripla origem no interior do pensamento freudiano: uma histórico-política, ligada à mobilização da destrutividade pelo Estado moderno em uma dinâmica irrefreável de administração estatal do extermínio; uma estética, ligada à força de descentramento própria a processos de despersonalização e crítica da expressão egologicamente determinada; e uma biológica, ligada à dinâmica singular dos organismos de produzir a morte por suas própria vias.[18]

Levando isso em conta, temos o direito de nos perguntar se a recuperação política dessa matriz estética da pulsão de morte (e talvez seja isso que estaria, de fato, em jogo no pensamento de Deleuze e Guattari) não nos abriria a uma política pós-humanista, na qual a temática da

---

[18] Esse ponto, há muito desacreditado, foi recuperado por biólogos contemporâneos como Jean-Claude Ameisen e Henri Atlan.

junção entre autodestruição e heterodestruição poderia ser conjugada de forma não propriamente suicidária, mas vinculada a transformações estruturais que permitiriam a emergência de subjetividades políticas não mais dependentes da perpetuação das figuras do indivíduo e da consciência. Isso nos levaria a admitir que a articulação entre pulsionalidade e política poderia servir, nesse caso, para pensarmos as bases pulsionais do desejo por experiências sociais de descentramento e de crítica à identidade. Ou seja, bases pulsionais para certo "devir revolucionário das pessoas". Um devir que sempre começará pela afirmação de que será melhor a morte por suas próprias vias do que a vida que nos propõe. Esse caminho de reflexão ainda está para ser explorado de forma mais sistemática.[19]

Notemos ainda que tal variabilidade do problema político da violência e da destrutividade talvez mostre a inutilidade do uso da pulsão de morte como conceito de forte potencial explanatório de fenômenos políticos. Se a pulsão de morte pode ser a base tanto de dinâmicas suicidárias quanto de processos revolucionários de transformação estrutural, se ela pode estar na base tanto das piores regressões quanto das mais desejadas transformações, então há de se perguntar sobre sua real utilidade no esclarecimento do campo do político. O que não significa que a tópica do "Estado suicidário" não tenha seu interesse e sua função, embora talvez sejamos obrigados a abordá-la por outro viés.

Isso nos levaria, por fim, a sermos mais críticos em relação ao uso do conceito de pulsão de morte para dar conta da especificidade do regime de violência no fascismo. Pois, mesmo admitindo que há destinos da pulsionalidade que podem se realizar como destrutividade bruta e direta, seria necessário não se contentar com o fantasma da pura aniquilação e se perguntar o que há de positivo nessa procura fascista de autodestruição do povo. *O que o Estado fascista procura preservar através do suicídio?* Quais são os horizontes normativos positivos de seu desejo de catástrofe?

---

[19] A esse respeito, ver também: Martins, 2021.

## Individuação e catástrofe

Isso nos obriga a voltar nossa discussão a outro aspecto recorrente das várias análises que conhecemos sobre a economia libidinal do fascismo e que se refere à maneira como a categoria clínica da paranoia é mobilizada para descrever a lógica imanente aos processos de configuração do corpo social.[20] Diante da multiplicidade de questões que tal compreensão do fascismo como patologia social de cunho paranoico produz, gostaria de insistir em um ponto que pode se mostrar fundamental para a compreensão da dinâmica suicidária. Ele se refere ao modelo de identificação que sustenta a economia libidinal do fascismo, um modelo narcísico. O que está em questão aqui é a junção, própria a uma abordagem freudiana, entre paranoia e narcisismo.

Vimos como em Franz Neumann aparece a tópica da violência da guerra fascista enquanto modo contrarrevolucionário de defesa contra a decomposição imanente da unidade política diante da radicalização da luta de classe. Essa lógica da violência como modo de defesa não deve, no entanto, responder apenas a decomposições macroestruturais vinculadas ao horizonte político do Estado. Ela deve também se vincular a decomposições microestruturais. É a articulação entre modos de defesa referentes a esses dois níveis de decomposição, é a ressonância entre os dois processos que potencializa as dinâmicas suicidárias próprias ao fascismo. Há uma coordenada histórica de junção entre esses dois níveis de decomposição necessária para o ressurgimento do fascismo.

Tais decomposições no nível microestrutural, ou seja, tais impossibilidades de reprodução material das formas hegemônicas de vida no nível microestrutural, foram tematizadas pelos frankfurtianos no início dos anos 1930 através da tópica do "enfraquecimento do Eu", do "declínio da autoridade paterna" e da consolidação da "família autoritária" como reação desesperada ao colapso do patriarcado. Elas estão presentes, nesse mesmo momento, nas reflexões de Jacques Lacan sobre o "declínio da imago paterna" e da consolidação do Eu como instância

---

[20] Encontramos esse ponto em Adorno; Horkheimer (1992) e em Deleuze; Guattari (1972).

rígida, de agressividade, de desconhecimento que mais se assemelha à generalização de uma personalidade autoritária.

Em todos esses casos, trata-se de insistir que as formas de individuação devem lidar com um colapso ligado à impossibilidade histórica de sustentar a ilusão de que a identidade, a unidade sintética e a integridade do Eu moderno não seriam resultantes da internalização de um "sistema de cicatrizes" e segregações.[21] Daí a impossibilidade de sustentar a produção de tal identidade através das estratégias tradicionais de identificações paternas normalizadoras.

Uma estratégia possível para a defesa contra tal enfraquecimento consistirá em desenvolver identificações narcísicas, defendendo os lugares sociais de autoridade a partir de uma lógica narcísica. A fragilidade do Eu será compensada através da identificação especular a uma imagem narcísica e rígida de si elevada ao lugar de autoridade. Assim, teremos o que Adorno (2015, p. 418) chama de "o alargamento da própria personalidade do sujeito, uma projeção coletiva de si mesmo, ao invés da imagem de um pai cujo papel durante a última fase da infância do sujeito pode bem ter decaído na sociedade atual".

Adorno explora tal traço para falar da estrutura de identificação com os dirigentes fascistas. Pois o líder fascista não se constituiria à imagem do pai, mas a partir da imagem narcísica do sujeito. Por essa razão, ele mobilizará o conceito de "pequeno grande homem": "uma pessoa que sugere, ao mesmo tempo, onipotência e a ideia de que ele é apenas mais um do povo, um simples, rude e vigoroso americano, não influenciado por riquezas materiais ou espirituais" (p. 421).

---

[21] As causas históricas para o esgotamento da crença na organicidade da unidade do Eu e de sua identidade são várias. A pressão por igualdade real vinda dos movimentos comunistas colabora para colocar em questão as bases segregacionistas da individualidade moderna (esse é um tópico importante abordado por Reich, 1996). A decomposição das ordens tradicionais, em uma chave que nos remete ao "sofrimento de indeterminação" descrito por Durkheim, também deve ser lembrada (ver DURKHEIM, 2000). A ascensão da expressão descentrada no campo da estética também não deve ser negligenciada, ainda mais para um regime que levava tão a sério a *Entartete Kunst*. Ou seja, estamos diante de um fenômeno multifatorial.

Daí a imagem conhecida, fornecida por Adorno, de que Hitler seria uma mistura de King Kong e barbeiro de subúrbio. Mas, enquanto imagem narcísica, trata-se de uma compensação fantasmática da impotência real, uma defesa fóbica e fragilizada através da construção de ideais que deslizam da onipotência à impotência em um movimento que, se levado ao extremo, só poderá se realizar de uma forma, a saber, através do autossacrifício do sujeito devido ao peso dos ideais. Autossacrifício como única maneira de preservar ideais narcísicos, como se a impotência de tais ideias em realizar o que prometiam devesse ser mascarada através da transposição de tal impotência ao próprio sujeito, que se vê como indigno diante da própria imagem de si. Algo próximo àquilo que Durkheim um dia descreveu como dinâmica de "suicídio altruísta". O ponto central é: a autodestruição é feita, paradoxalmente, tendo em vista a preservação de si, a preservação de uma projeção superegoica e fantasmática de si. Difícil não lembrar aqui das palavras de Jacques Lacan (2001, p. 120) anos depois do final da Segunda Guerra: "É claro agora que as potências sombrias do supereu coalizaram-se com os abandonos mais vis da consciência para levar os homens a uma morte aceita devido às causas as menos humanas, e nem tudo o que aparece como sacrifício é necessariamente heroico".

Essa tópica do sacrifício às "potências sombrias do supereu" continuará presente em Lacan décadas depois, quando ele voltar ao "drama do nazismo" para falar do desejo de sacrifício a um outro que parece se colocar na posição de um "Deus obscuro" (LACAN, 1973, p. 247), desejo esse do qual pretensamente poucos sujeitos seriam capazes de escapar. Dificuldade em escapar vinda do fato de o último estágio da individualidade moderna ser sua realização terrorista como personalidade autoritária fascista. Realização cujo movimento consequente não será outro senão o suicídio. Assim, contrariamente à tese corrente de que a preservação do indivíduo seria o esteio contra o fascismo, há de se explorar a tese de que as ilusões autárquicas, unitárias e identitárias da individualidade moderna só poderão se realizar como violência social. Violência essa que, devido a estratégias narcísicas de compensação psíquica, abrem a porta a um processo de implosão suicidária do corpo social.

## Referências

ADORNO, T. Antissemitismo e propaganda fascista. *In*: *Ensaios de psicologia social e psicanálise*. São Paulo: Editora Unesp, 2015.

ADORNO, T. *Aspekte der neues Rechtradikalismus*. Frankfurt: Suhrkamp, 2019.

ADORNO, T.; HORKHEIMER, M. *Dialética do esclarecimento*. Rio de Janeiro: Jorge Zahar, 1992.

ARENDT; H. *Origens do totalitarismo*. São Paulo: Companhia das Letras, 2013.

BALIBAR, E. *La pulsion de mort au-delà du politique?*. [s.d.]. Inédito.

BLANCHOT, M. *L'expérience littéraire*. Paris: Gallimard, 1955.

CHAMAYOU, G. *La chasse à l'homme*. Paris: La Fabrique, 2010.

DELEUZE, G. *Différence et repetition*. Paris: PUF, 1969.

DELEUZE, G.; GUATTARI, F. *L'anti-Œdipe*. Paris: Minuit, 1972.

DELEUZE, G.; GUATTARI, F. *Mille plateau*. Paris: Minuit, 1980.

DELEUZE, G.; PARNET, C. *Dialogues*. Paris: Flammarion, 1996.

DERRIDA, J. *Estados de alma da psicanálise*. Rio de Janeiro: Relume Dumará, 1995.

DURKHEIM, E. *Le suicide*. Paris: PUF, 2000.

ENRIQUEZ, E. Caractéristiques spécifiques de la pulsion de mort dans les sociétés contemporaines et organisations modernes. *Organizações & Sociedade*, Salvador, v. 10, n. 28, 2003.

ESPOSITO, R. *Bios: Biopolitcs and Philosophy*. Minneapolis: University of Minessota Press, 2008.

FOUCAULT, M. *Il faut défendre la société*. Paris: Seuil; Gallimard, 1997.

FREUD, S. Das Unheimlich. *In*: *Gesammelte Werke*. Frankfurt: Suhrkamp, 1995. v. XII.

GUATTARI, F. *La révolution moléculaire*. Paris: Les Prairies Ordinaires, 2012.

HEIBER, Helmut. *Hitler parle à ses géneraux*. Paris: Tempus Perrin, 2013.

HORKHEIMER, Max. *Eclipse of Reason*. London: Continuum, 2007.

LACAN, J. *Autres écrits*. Paris: Seuil, 2001.

LACAN, J. *Le séminaire, livre VII: Ethique de la psychanalyse*. Paris: Seuil, 1986.

LACAN, J. *Le séminaire, livre XI: Les quatre concepts fondamentaux de la psychanalyse*. Paris: Seuil, 1973.

LAND, N. Making It with Death: Remarks on Thanathos and Desiring-Production. *In*: *Fanged Noumena*. New York: Sequence, 2007.

LAPLANCHE, J. *Life and Death in Psychoanalysis*. Translated by J. Mehlman. Baltimore: The Johns Hopkins University Press, 1990.

MARTINS, Alessandra. *Da melancolia à mania suicida: o círculo demoníaco brasileiro*. São Paulo: N-1 Edições - Pela vida, 2021.

NEUMANN, F. *Behemoth: The Structure and Practice of National Socialism, 1933-1944*. Chicago: Ivan R. Dee, 2009.

REICH, W. *La psychologie de masses du fascism*. Paris: Payot, 1996.

ROUBINEK, E. A "Fascist", Colonialism? National Socialism and Italian Fascist Colonial Cooperation, 1936-1943. *In*: CLARA, F.; NINHOS, C. *Nazi Germany and Southern Europe, 1933-1945*. London: Pallgrave, 2016.

ROUDINESCO, E. Roudinesco: le terrorisme, une "pulsion de mort à l'état brut". *Europe1*, 12 déc. 2015. Disponível em: https://bit.ly/3aOnqUu. Acesso em: 25 abr. 2021.

VIRILIO, P. *L'insécurité du térritoire*. Paris: Galilée, 1976.

## Sobre as autoras e os autores

● **Ethel Cukierkorn Battikha** | Psicóloga pela PUC-SP. Doutora em Ciências pela Escola Paulista de Medicina da Universidade Federal de São Paulo. Membro do Departamento de Formação em Psicanálise do Instituto Sedes Sapientae e professora convidada do curso de pós-graduação em Psicanálise na Perinatalidade e Parentalidade no Instituto Gerar de Psicanálise.

● **Ilana Katz** | Psicanalista. Doutora em Psicologia e Educação pela Faculdade de Educação da Universidade de São Paulo (FEUSP). Pós-doutora no Instituto de Psicologia da USP (IPUSP). Pesquisadora no Laboratório Interunidades de Teoria Social, Filosofia e Psicanálise (Latesfip). Compõe o Grupo de Trabalho de Saúde Mental de Crianças e Adolescentes da Associação Brasileira de Saúde Mental (Abrasme).

● **Julieta Jerusalinsky** | Psicanalista. Especialista em *Estimulacion Temprana* (FEPI – Centro Dra. Lydia Coriat, Buenos Aires). Mestre e doutora em Psicologia Clínica pela Pontifícia Universidade Católica de São Paulo (PUC-SP). Membro da Clínica Prof. Dr. Mauro Spinelli e da REDE-BEBÊ. Professora de especialização em diferentes cursos, entre os quais Estimulação Precoce: Clínica Transdisciplinar do Bebê (Instituto Travessias da Infância – Centro de Estudos Lydia Coriat – São Paulo) e Teoria Psicanalítica (Coordenadoria Geral de Especialização, Aperfeiçoamento e Extensão – COGEAE – PUC-SP).

● **Mario Eduardo Costa Pereira** | Psicanalista e psiquiatra. Professor titular de Psicopatologia Clínica pelo Laboratoire de Psychopathologie

Clinique et Psychanalyse da Aix-Marseille Université (França). Livre--Docente em Psicopatologia do Departamento de Psiquiatria da Faculdade de Ciências Médicas da Universidade Estadual de Campinas (FCM-Unicamp), onde dirige o Laboratório de Psicopatologia: Sujeito e Singularidade (LaPSuS). Diretor do Núcleo de São Paulo do Corpo Freudiano – Escola de Psicanálise.

**Renata Petri** | Psicanalista. Doutora pelo Instituto de Psicologia da Universidade de São Paulo (IPUSP). Autora dos livros *Psicanálise e educação no tratamento da psicose infantil: quatro experiências institucionais* (São Paulo: Annablume; Fapesp, 2000) e *Psicanálise e infância: clínica com crianças* (São Paulo: Companhia de Freud; Fapesp, 2008).

**Rubens M. Volich** | Psicanalista. Doutor pela Universidade de Paris VII – Denis Diderot. Professor do Curso de Psicossomática Psicanalítica do Instituto Sedes Sapientiae. Autor de *Psicossomática: de Hipócrates à psicanálise* (São Paulo: Casa do Psicólogo, 2000); *Hipocondria: impasses da alma, desafios do corpo* (São Paulo: Casa do Psicólogo, 2002); *Segredos de mulher: diálogos entre um ginecologista e um psicanalista* (em coautoria com Alexandre Faisal, São Paulo: Atheneu, 2010). Co-organizador e autor dos livros da série Psicossoma (São Paulo: Casa do Psicólogo).

**Thais Garrafa** | Psicóloga pela Pontifícia Universidade Católica de São Paulo (PUC-SP), psicanalista, professora e supervisora do curso de Pós-Graduação em Psicanálise, Perinatalidade e Parentalidade do Instituto Gerar de Psicanálise, e supervisora clínica no projeto Com Tato do Instituto Fazendo História. Participa da Equipe de Pesquisa do Instituto Gerar. Foi professora do COGEAE/PUC-SP e do curso de Formação em Psicanálise do Centro de Estudos Psicanalíticos (CEP).

**Vladimir Safatle** | Doutor em Filosofia pela Université de Paris VIII e professor titular do Departamento de Filosofia da USP. Suas publicações versam sobre psicanálise, teoria do reconhecimento, filosofia da música, filosofia política, filosofia francesa contemporânea e reflexão sobre a tradição dialética pós-hegeliana.

Este livro foi composto com tipografia Adobe Garamond
e impresso em papel Off-White 90 g/m² na Formato Artes Gráficas.